畑中敦子×津田秀樹の
「判断推理」
勝者の解き方
敗者の落とし穴

NEXT

畑中敦子 監修　津田秀樹 著

エクシア出版

本書の特長

😄 **まず最初に読むべき本！**
- → どんなに苦手な人にも、わかりやすい解説！
- → 最も出る分野（得点源）をおさえてある！

😄 **「数学」ではなく「判断推理」の攻略本！**
- → 数学ができなくても、判断推理はできる！
- → 「判断推理」ならではの解き方を紹介！

😄 **頻出度順の章構成！**
- → よく出る分野から勉強する！
- → 学習効果も考えてある！

😄 **出る問題ほど手厚い解説！**
- → 力を入れるべきところと、抜いていいところのメリハリ！

😄 **これまでにない詳しい解説！**
- → 「これでわからなかったら、他に読む本はない！」と断言できる！

😄 **「やってしまいがちな×解答」を掲載！**
- → 典型的な間違え方を知ることで、間違えなくなる！
- → 出題者の仕掛けた落とし穴やひっかけがわかる！

😄 **「別解」や「裏ワザ」も掲載！**
- → 自分に合った解き方が見つかる！

😄 **とにかく、わかりやすい！**
- → 判断推理が苦手な人にチェックしてもらって、何度も書き直してある！

目次

装幀 前田利博(Super Big BOMBER INC.)
本文デザイン・DTP 横田良子・杉沢直美
カバーイラスト・本文イラスト・コミック ひぐちともみ
校正 三枝みのり 高山ケンスケ 西川マキ 堀越美紀子
小野寺紀子
協力 小山冬樹 福地誠

本書の使い方

たんに頻出問題というだけでなく、「この問題を理解しておくと、多くの問題が解ける」という、マスターキー的な問題を選んであります。そのため「重要問題」という呼び方をしています。

公務員試験での頻出度を★の数で表してあります。★の数が多いほど、よく出るということです。

このマークの数は頻出度ではなく、「重要度」を表しています。

その分野の問題に関する説明です。試験別の頻出度についても書いてあります。頻出度は試験によってもちがうので、自分の受ける試験について確認してください。

その分野の問題を解くうえでのポイントを短くまとめてあります。

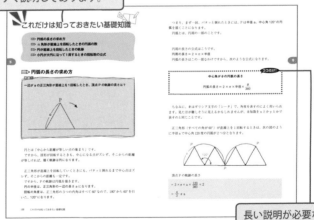

最低限必要な基礎知識について、できるだけわかりやすく説明してあります。

長い説明が必要ない人は、ここだけ見てください。

いきなり解き始めるのではなく、まず「下ごしらえ」をします。じつはこれがとても大切です！数学が苦手という人は、だいたいこれをやっていません。「料理は下ごしらえが肝心」と言いますが、数学もまったく同じ！これまでの参考書で抜け落ちていた部分です。

その分野をマスターするのに重要な問題が選んであるので、自分の受ける試験の問題でなくても、飛ばさずに、順番にすべて解いていってください。

その問題に関する簡単な説明です。

崖を登るのと同じで、問題を解くときも、最初のとっかかりが難しいものです。いったいどこに目をつけて、どうやって解いていけばいいのか？
また、問題の解き方は覚えていても、どの問題にどの解き方を適用すればいいのかがわからないときがあります。
そういうことのないよう、どこに目をつければ、解き方がわかるかを、ここで解説します。

これが最もオススメの解法です。
公務員試験は時間の勝負でもあるので、**最も速く解ける方法**を選んであります。

あちこちに側注をつけて、よりわかりやすくなるよう、補足してあります。

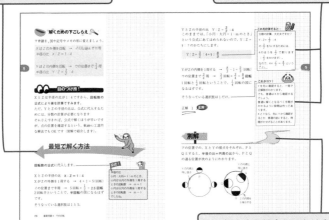

別の解き方も紹介してあります。
人によって、解きやすい方法はちがいます。こちらのほうがやりやすいと感じたら、こちらを覚えましょう。

裏ワザがある場合は、それも紹介しています。

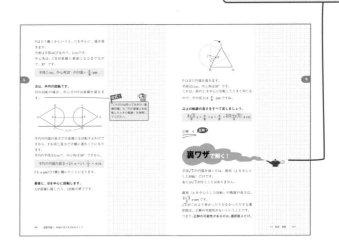

本書の大きな特徴として、多くの人がやってしまいがちな×解答を載せてあります。
典型的な間違い方を知ることで、間違わずに解けるようになります。

解き方を理解して、それで終わりでは不充分。すぐに忘れてしまうからです。
きちんとおさらいをしましょう。これが大切です！

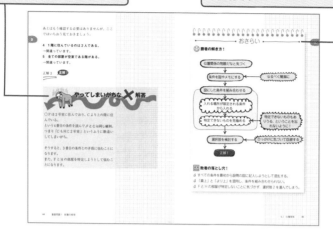

登場キャラクターの紹介

ナマケモノ

ナマケモノだったが、これからはハタラキモノになろうと決心し、公務員試験を受けることに！だけど、数学は大の苦手で、ついナマケゴコロを起こしがち……

家庭教師

数学は苦手だったが、判断推理は得意。ナマケモノでも大丈夫な、判断推理の極意を伝授して、合格報酬をねらっている！

順序関係

★★★★★

判断推理のエース！

§1 順序関係

出題頻度 No.1 ！

　年度によってはやや出題が少ないこともありますが、ほとんどの年度で出題数 No.1 であり、§2の**「位置関係」**と並ぶ**ツートップ**といっていいでしょう。

　§1〜3と、§7、8は、同じ系統の問題で、判断推理の中心的分野となります。

狙い目の分野 ！

　解法としては、条件を図や式に整理して解きます。

　順番の推理なので、横に並べるだけなど、他の分野に比べると広がりも少なく、比較的解きやすいように思えます。

　したがって、**判断推理の中でも、とっつきやすい分野と言えます。**順序関係が苦手という話はあまり聞きません。

　それだけに、これだけはちゃんとおさえておきたいところです。

いろいろなパターンが ！

　ただ、内容的には位置関係よりパターンが多く、マイナーなものも含めるといろいろなパターンがあります。

　ここでは、主要なパターンを取り上げます。

おさえておくべき **重要問題** の紹介

重要問題 1 順番に並べるタイプ ●●●●● ☞ P4

⟹ 最も基本的な順序の推理問題

重要問題 2 順位が変動するタイプ ●●●● ☞ P11

⟹ 前と後で変動する２つの順位を同時に推理する問題

重要問題 3 複数項目の順序関係 ●●● ☞ P18

⟹ 対応関係の要素を含む問題

重要問題 4 数直線に整理するタイプ ●●● ☞ P26

⟹ 得点差や、平均などの数量条件から考える問題！

重要問題 5 時計から時刻を推理するタイプ ●●● ☞ P31

⟹ 時計の情報から到着順などを推理する問題

ここがポイント！ 場合分けが必要だったり、複数のケースが成立する問題が多いので、無駄なく効率良く作業することがポイントです。

重要問題 **1** 順番に並べるタイプ

☀ ☀ ☀ ☀ ☀

　A〜Gの7つの中学校が出場した合唱コンクールの合唱の順番及び審査結果について、次のア〜カのことがわかった。

ア　A校とD校の間に4つの中学校が合唱した。
イ　B校はE校の1つ前に合唱した。
ウ　C校とF校の間に2つの中学校が合唱した。
エ　D校はC校の次に合唱した。
オ　E校とG校の間に3つの中学校が合唱した。
カ　5番目に合唱した中学校が最優秀賞を受賞した。

以上から判断して、最優秀賞を受賞した中学校として、正しいのはどれか。

1 B校
2 C校
3 E校
4 F校
5 G校

（東京都Ⅰ類B　2013年度）

この設問は ☞ **最も基本的な順序の推理問題です。**

解くための下ごしらえ

文章のままではややこしいです。

条件は順番の話をしているので、その順番を図に表していきましょう。

A〜G 7校

ア
A				D

A⇄D

A⇄D は、A と D が入れ替え可能ということ。

条件アは「A校とD校の間に4つの中学校が合唱した」と言っているだけで、Aが先とも、Dが先とも言っていないから。

イ
B	E

ウ
C			F

C⇄F

エ
C	D

オ
E				G

E⇄G

カ　5番目→最優秀賞（求めるもの）

目のつけ所！

大きなブロックから目をつけましょう。入る場所が限られるからです。

§1　順序関係
5

また、共通するアルファベットを含むブロックは、**組み合わせて考えましょう！**

最短で解く方法

**いちばん大きなブロックに目をつけ、
それと共通するアルファベットの入っているブロックと組み合わせましょう。**

これがコツ！

どこからとりかかっていいか
わからない人が少なくありま
せん。
この方針を覚えておけば、簡
単です！

ア〜オの中で、いちばん大きなブロックは**ア**です。
そして、アと共通するアルファベットが入っているのは**エ**。
なので、まずは**ア＋エ**を考えます。
7校の順序関係なので、次の3通りが考えられます。

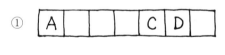

ここに注目！

いきなり一通りに決まるわけ
はなく、
まずは、場合分けが必要にな
ります。

エとCが共通している**ウ**を、ここに加えてみましょう。

①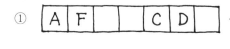

②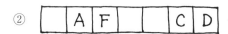

③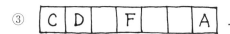

エは CD の順番が確定
しているので、場合分
けの数は増えません。

残りのイとオを入れようとしてみましょう。
①と③は無理です。うまく入りません。
②は入ります。

②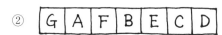

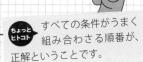

すべての条件がうまく
組み合わさる順番が、
正解ということです。

順番が確定しました。
5番目はEです。

正解　3　

やってしまいがちな ✕ 解答

いちばん大きなブロックであるアに注目するものの、次の4通りを全部、書いてしまい……。

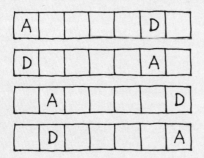

同じDのあるエを組み合わせることなく、次に大きなブロックであるオを入れて……。

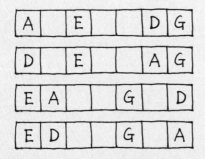

さらに、EとGを入れ替えたものまで書くと、8通りになって……。

という感じで、どんどん場合分けが増えていき、収拾がつかなくなります。

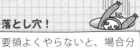

落とし穴！

要領よくやらないと、場合分けの数がすごく多くなるように、問題は作ってあります。ですから、あんまり場合分けが多くなる場合は、解き方を間違えているということです。

おさらい

 勝者の解き方！

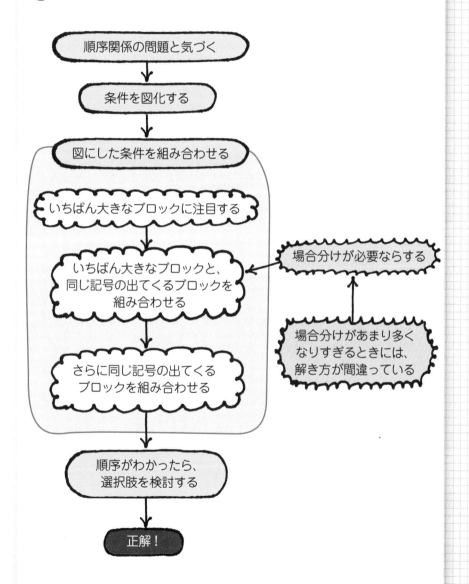

```
順序関係の問題と気づく
        ↓
条件を図化する
        ↓
図にした条件を組み合わせる

  いちばん大きなブロックに注目する
        ↓
  いちばん大きなブロックと、       ← 場合分けが必要ならする
  同じ記号の出てくるブロックを           ↑
  組み合わせる                    場合分けがあまり多く
        ↓                     なりすぎるときには、
  さらに同じ記号の出てくる           解き方が間違っている
  ブロックを組み合わせる
        ↓
順序がわかったら、
選択肢を検討する
        ↓
正解！
```

敗者の落とし穴！

◌ 条件を図化せず、混乱する。

◌ いちばん大きなブロックに注目しない。

◌ いちばん大きなブロックと、共通する記号のあるブロックを組み合わせない。

◌ AとDが入れ替え可であることを忘れて、Aを先に固定してしまう。

◌ ア→エ→ウとつながることに気づかず、無駄な場合分けをする。

◌ 成立しないケースを見極められず、作業に行きづまる。

重要問題 2 　順位が変動するタイプ

　　A～Fの6人がマラソンをした。コースの中間にあるX地点とゴール地点での順位について、次のア～キのことが分かっているとき、最後にゴールしたのは誰か。

ア　Bは、X地点を4位で通過した。

イ　Fは、X地点を6位で通過した。

ウ　BとDの間には、X地点でもゴール地点でも、誰も走っていなかった。

エ　EのX地点での順位とゴール地点での順位は、変わらなかった。

オ　Fのゴール地点での順位は、CとDとの間であった。

カ　X地点を1位で通過した者は、4位でゴールした。

キ　X地点を5位で通過した者は、2位でゴールした。

1　A

2　B

3　C

4　D

5　E

（特別区 I 類　2012 年度）

この設問は 🖙 順位が2回出てきて、それぞれにちがっています。

そういう前と後で変動する2つの順位を同時に推理する問題です。

解くための下ごしらえ

条件の文章を図化しましょう。

図にしづらいものは、メモ化しましょう。

どう図にしたらいいか、ちょっと迷うかもしれません。

A〜Fの6人、X地点とゴール地点という2つの地点、それぞれの地点での順位という3つの要素があります。

こういう場合は、

	1	2	3	4	5	6
X地点						
ゴール地点						

こういう表に整理するつもりで、図化していきましょう。

アとイは、そのまま表に書き入れられるので、そうします。

	1	2	3	4	5	6
X地点				B		F
ゴール地点						

ウ　| B | D |　　B ⇄ D

エ　| E |
　　| E |

> **なんでこうなるの？**
> BとDの間に誰も走っていなかったということは、順位が連続しているということだからです。

> **なんでこうなるの？**
> 先の表に、X地点でもゴール地点でも同じ順位になるということは、こういう形で表に組み込める、ということになります。

オ　ゴール地点
C＞F＞D　または　D＞F＞C

🦥？**なんでこうなるの？**

なぜここはブロックで描かないかというと、「F のゴール地点での順位は、C と D との間であった」という条件なので、CFD あるいは DFC と 3 つが連続しているとは限らず、たとえば、CAFBD というように、間に他の人がはさまっている可能性もあるからです。

カ　X 1位→ゴール4位

キ　X 5位→ゴール2位

目のつけ所！

X 地点とゴール地点とで順位が変化するので複雑に感じますが、**2 種類の順序関係を関連させて解くだけです。**
先のような、2 種類の順位の表を作ればいいだけです！

最短で解く方法

表に、カ、キを書き入れましょう。

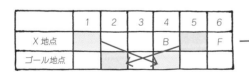

	1	2	3	4	5	6
X 地点				B		F
ゴール地点						

これがコツ！

カ、キが A 〜 F の誰かはわかっていませんが、表での位置はわかっているので、書き入れることができます。書き入れられるものは、書き入れることが大切です。そうすることで、わかってくることがあります。

この表を見ると、エのブロックを入れられるところ、つまり X 地点とゴール地点の両方が空欄になっているところは、3 位のところしかあ

りません。

エのブロックは3位と決まります。

エ

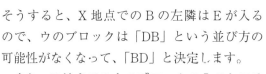

そうすると、X地点でのBの左隣はEが入る
ので、ウのブロックは「DB」という並び方の
可能性がなくなって、「BD」と決定します。
**つまり、X地点でのウのブロックの入るところ
も次のように決まります。**

ウ B⇄D

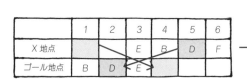

	1	2	3	4	5	6
X地点			E	B	D	F
ゴール地点	B	D	E			

なんでこうなるの？

条件ウから、Bの隣は
Dとわかっています。
X地点のBの左隣にEが入っ
たので、Bの右隣がDとわか
ります。
つまり、X地点の5位がDと
なります。
そして、すでに表にも書き込
んであるように、
キ　X5位→ゴール2位
なので、ゴール地点の2位も
Dとわかります。
そして、ゴール地点でもDと
Bは隣なので、
ゴール地点の1位はBとわか
ります。

ゴール地点でのDの順位がわかったので、
ゴール地点でのDを条件に含む、

**オ　ゴール地点　　C＞F＞D　または　D＞
F＞C**

について考えてみましょう。

Dより順位が上の人は、1人しかいないわけで、
C＞F＞D　はありえないことがわかります。
D＞F＞C　であることが確定します。

ということは、Fは4位か5位です。Cは5位
か6位です。

すでに表に書き入れたように、

カ　X1位→ゴール4位

なので、ゴール地点で4位なら、X地点では1
位です。

これがコツ！

途中で、次は何を考えたらい
いのか、わからなくなること
があるかもしれません。
そのときは、今わかったこと
を、条件として含んでいる、
まだわかっていないことにつ
いて考えてみましょう（この
場合で言えば、ゴール地点で
のDの順位がわかったので、
Dを含んでいる条件オについ
て考える）。

FのX地点での順位はすでに6位とわかっています。

X地点でのFの1位はありえません。つまり、**ゴール地点での4位はFではない**ということです。

とすると、**Fは5位**ということです。
CはFより順位が低いのですから、**6位**ということです。

	1	2	3	4	5	6
X 地点			E	B	D	F
ゴール地点	B	D	E		F	C

この設問で問われている**「最後にゴールしたのは誰か」**は、**C**とわかります。

正解　3　

いちおう表をすべて埋めておくと、————
カ　X1位→ゴール4位
に入るのは、X地点のほうでもゴール地点のほうでもまだ書き入れていない人ということで、それはAしかいません。
これを埋めると、他は自然と決まります。

ちょっとヒトコト　本番の試験では、よほど時間が余らない限り、こういう確認をする必要はありません。

	1	2	3	4	5	6
X 地点	A	C	E	B	D	F
ゴール地点	B	D	E	A	F	C

おさらい

😄 勝者の解き方！

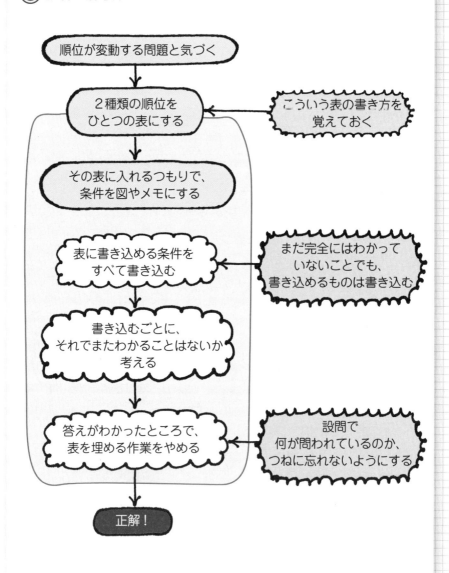

順位が変動する問題と気づく

↓

2種類の順位を
ひとつの表にする ← こういう表の書き方を
覚えておく

↓

その表に入れるつもりで、
条件を図やメモにする

↓

表に書き込める条件を
すべて書き込む ← まだ完全にはわかって
いないことでも、
書き込めるものは書き込む

↓

書き込むごとに、
それでまたわかることはないか
考える

↓

答えがわかったところで、
表を埋める作業をやめる ← 設問で
何が問われているのか、
つねに忘れないようにする

↓

正解！

😵 敗者の落とし穴！

◊ X 地点の順位と、ゴール地点の順位を別々に表にして作業する。そのた
め、2 つの表をリンクさせられず、エ、カ、キを処理できない。

◊ それぞれの地点の順位で場合分けをし、混乱したり、時間をロスする。

◊ 答えが出ているのに表をすべて埋めようとして、時間をロスする。

それぞれ学部の異なるＡからＤの4人が大学の正門で待ち合わせをした。そのときの到着順について次のアからカのことがわかっているとき、確実にいえることとして、最も妥当なのはどれか。

ア：4人の学部は文学部、法学部、経済学部、理学部のいずれかである。

イ：同時に到着した者はいない。

ウ：Ｃより先にＡが到着した。

エ：理学部の者は文学部の者よりも後に到着し、Ｃは理学部の者の次に到着した。

オ：Ｂは経済学部の者よりも先に到着した。

カ：Ｄは法学部の者よりも先に到着した。

1　理学部の学生が3番目に到着した。

2　Ａは法学部の学生である。

3　Ｂは2番目に到着した。

4　Ｄは1番目に到着した。

5　Ｃは経済学部の学生である。

（東京消防庁　2013 年度）

この設問は ☞ Ａ〜Ｄの4人と、4つの学部が対応しています。

そういう対応関係の要素を含む、順序の問題です。

解くための下ごしらえ

文章題を、図や記号やメモの形に変えましょう。

A ～ D　4人

ア　別々の学部

イ　同順位ナシ

ウ　A ＞ C

エ　文 ＞ | 理 | C |

オ　B ＞経

カ　D ＞法

? なんでこうなるの？

「C は理学部の者の次に到着した」なので、理学部とCの順位は連続しています。
でも、理学部と文学部のほうは、「理学部の者は文学部の者よりも後に到着」なので、理学部と文学部の間に別の学部の者がいた可能性もあり、文学部と理学部の順位は連続しているとは限りません。
なので、こういう区別した書き方になります。

目のつけ所！

順序は1通りですが、A ～ D と呼んだり、学部で呼んだり、複数の呼び方があります。そこがややこしい設問です。

目のつけ所としては、たとえば、「A ＞ C」ならば、A は最後ではありませんし、C は最初ではありません！

そうすると、**最後は誰 or 何学部でしょう？
最初は誰 or 何学部でしょう？**

まず、最初と最後に目をつけてみるのです。

ちょっとヒトコト　最初と最後にまず着目するのは、このように登場人物が4人くらいの場合です。
それ以上の人物が出てくる問題では、そういう情報は簡単にはわからないようになっています。たとえば重要問題2のように。

§1　順序関係　　19

最短で解く方法

最初に到着したのは誰なのか、まず考えてみましょう。

ウ　A＞C

なので、最初はCではありません。

エ　文＞ | 理 | C |

なので、最初は理学部でもありません。

オ　B＞経

なので、最初は経済学部でもありません。

カ　D＞法

なので、最初は法学部でもありません。

学部は、文学部、法学部、経済学部、理学部の
４つなので、
理学部でも経済学部でも法学部でもないとしたら、
最初に到着したのは、文学部と確定します。

便利なやり方！

最初に到着した学部がズバリわからなくても、このように消去法で知ることができます。

ちょっとヒトコト 文学部がA〜Dの誰なのかは、Cでないことまでしか、まだわかりません。

次に、最後に到着したのは誰なのか、考えてみましょう。

ウ　A＞C

なので、最後はAではありません。

エ　文＞ | 理 | C |

なので、最後は文学部でもありません。

オ　B＞経

なので、最後はBでもありません。

カ　D＞法

なので、最後はDでもありません。

A〜Dの4人なので、AでもBでもDでもないとすると、

最後に到着したのはCと確定します。

ここまでわかったところで、表を書いてみましょう。

上から順に、

順位

A〜D

学部

という3段の表です。

Cが何学部なのか、文学部と理学部でないこと以外は、まだわかりません。

これがコツ！

同じ4人を、A〜Dと呼んだり、学部で呼んだりしているわけですが、それでも表では別々に分けて書くところが、大切なポイントです！

なんでこうなるの？

最初に到着したのが文学部。

最後に到着したのがC。

そして、

エ　文＞ | 理 | C |

で、Cの1つ前が理学部なので、理学部が3位。

1	2	3	4
			C
文		理	

この時点で、選択肢1の

「理学部の学生が3番目に到着した。」

が確実に言えることがわかります。

正解は1つだけなので、これが正解です。

正解　1　

ここに注目！

選択肢を先に見ておかないと、ここですでに正解がわかって、これ以上もう表を埋める必要がない、ということに気づけません。

実際、気づかない受験生が多いのです。

文章理解などの選択肢とちがって、数的推理や判断推理の選択肢は、先に見ておいても意味がないことも少なくありません。

ですが、この問題のように、先に選択肢を見ておくことが重要な問題もあります。

いちおう選択肢には先に目を通しておくようにしましょう。

いちおう、さらに表を埋めてみましょう。

ちょっと
ヒトコト
本番の試験では、よほど時間があまらない限り、やる必要はありません。

表で、学部のほうは、もう2つ埋まっているので、残りは2つです。
残っているのは経済学部と法学部です。

経済学部と法学部については、
オ　B＞経
カ　D＞法
ということがわかっています。

これだけでは経済学部と法学部の順位はわかりません。
そこで、**場合分け**をします。

①経＞法の場合
2位が経済学部ということになります。
オ　B＞経
なので、1位はBと確定します。

4位が法学部。
カ　D＞法
Dは2位か3位ということになり、
残るAも2位か3位ということに。
AとDの順番は確定しないので、（　）をつけて表に書き入れます。入れ替わりありという意味です。

1	2	3	4
B	(A)	(D)	C
文	経	理	法

②法＞経の場合

2位が法学部ということになります。

カ　D＞法

なので、1位はDと確定します。

4位が経済学部。

オ　B＞経

Bは2位か3位ということになり、
残るAも2位か3位ということに。
AとBの順番は確定しないので、（　）をつけて表に書き入れます。

1	2	3	4
D	(A)	(B)	C
文	法	理	経

このように、**全部で4通りの可能性があります。**

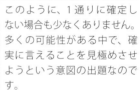

つまずきポイント！

このように、1通りに確定しない場合も少なくありません。
多くの可能性がある中で、確実に言えることを見極めさせようという意図の出題なのです。
ですから、あくまで1通りに確定させようと頑張ってみても無駄ですし、時間のロスになります。

4通りの可能性があることに注意しながら、選択肢を検討していきましょう。

1　理学部の学生が3番目に到着した。

→すべての場合で確実にいえます。

2　Aは法学部の学生である。

→表を見るとわかるように、正しい可能性があります。でも、ちがっている可能性もあります。こういう場合は×なのです。

つまずきポイント！

問われているのは「確実にいえること」です。
正しい場合があるというだけでは、確実ではありません。ちがっている可能性もあるのなら、それは不確実ということです。
ここを間違える人が少なくないので、注意してください。

3　Bは2番目に到着した。

→2と同じく、正しい可能性もあり、間違っている可能性もあります。つまり、確実にはいえないので×。

4　Dは1番目に到着した。

→これも2や3と同じです。×。

5　Cは経済学部の学生である。

→これも2や3や4と同じです。×。

正解は1とわかります。

やってしまいがちな ✕ 解答

最初に到着したのは文学部、最後に到着したのはCであることに気づかずに、条件エをもとに、最初から次のように3つに場合分けしてしまうと……

1	2	3	4
		C	
文	理		

1	2	3	4
		C	
文		理	

1	2	3	4
			C
	文	理	

ここからさらに経済学部と法学部で場合分けをすることになり、場合分けの数がたいへん多くなって、混乱しますし、時間もかかってしまいます。

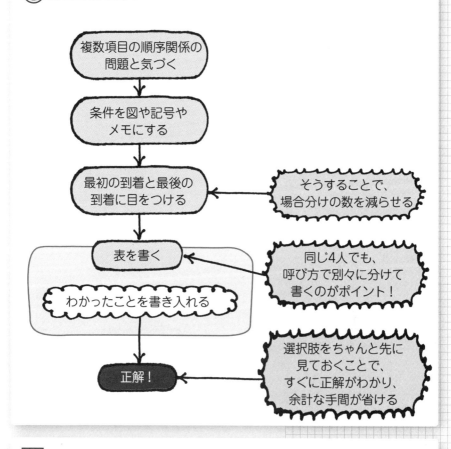

• おさらい •

😄 勝者の解き方！

複数項目の順序関係の
問題と気づく

↓

条件を図や記号や
メモにする

↓

最初の到着と最後の
到着に目をつける ← そうすることで、
場合分けの数を減らせる

↓

表を書く ← 同じ4人でも、
呼び方で別々に分けて
書くのがポイント！

わかったことを書き入れる

↓

正解！ ← 選択肢をちゃんと先に
見ておくことで、
すぐに正解がわかり、
余計な手間が省ける

☓☓ 敗者の落とし穴！

- ♦ A〜Dと、学部の2項目を区別せずに作業して混乱する。
- ♦ 文学部が最初、Cが最後に気づかず、無駄な場合分けをする。
- ♦ 成立例が4通りあるのに、1通りに絞り込もうとして悩む。
- ♦ 4通りあることを確認せず、選択肢2〜5も確実にいえると誤解してしまう。

重要問題 4　数直線に整理するタイプ

　A、B、C、D、Eの5人のテストの結果について次のア～キのことがわかっている。このときのBの得点として正しいものはどれか。ただし、テストは100点満点だったとする。

　　ア　AとBは4点差だった。
　　イ　AとCは5点差だった。
　　ウ　BとEは3点差だった。
　　エ　CとDは7点差だった。
　　オ　DとEは3点差だった。
　　カ　AはEよりも得点が高かった。
　　キ　5人の平均点は71.4点だった。

1　67点
2　68点
3　69点
4　70点
5　71点

（裁判所職員　2021年度）

この設問は ☞ **得点差や平均などの数量条件から考える問題です。**

 解くための下ごしらえ

ア～カの条件の文章を、図や式に表しましょう。

ア～オの得点差は、そのままではわかりにくいので、次のような数直線に表すことを目指しましょう。

　　　　　　　　　　　　　　　　　→ 高

カ　E＜A
キ　平均＝71.4

 このように、数の大小、順序、系列などを直線上に表して、ひと目でわかるようにしたものを、「数直線」と呼びます。

目のつけ所！

ア～オは得点差だけで、どちらが高いかわかりません。

カによって、EよりAの得点が高いことがわかります。ここから進めましょう。

最短で解く方法

カ　E＜A

がわかっていますから、ア～オの中で、AとEが出てくるところを見てみましょう。

 ア　**A**と**B**は4点差だった。

 イ　**A**と**C**は5点差だった。

 ウ　**B**と**E**は3点差だった。

 エ　**C**と**D**は7点差だった。

 オ　**D**と**E**は3点差だった。

AとEのペアになっている人を見ると、**B**が共通しています。

 ア　**A**と**B**は4点差だった。

 ウ　**B**と**E**は3点差だった。

A、EとBの関係もわかりそうです。

もしA＜Bで、Bの得点がAより4点高いとしたら、E＜Aになりません。

B＜Aとわかります。

数直線に表すとこうなります。

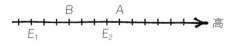

> **？ なんでこうなるの？**
>
> 　Bの得点がAより4点高いとしたら、「ウ　BとEは3点差だった」から、Eの得点はAより7点（4＋3）高いか、あるいは1点（4－3）高いことになります。いずれにしても、E＜Aにはなりません。
>
>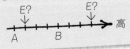

Eは1か2の両方の可能性があり、まだいずれ
かわかりません。

イ　**A**と**C**は5点差だった。
から、Cは次の図の1か2のいずれかです。

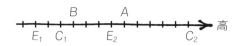

エ　**C**と**D**は7点差だった。
オ　**D**と**E**は3点差だった。
から、CとEは4点差か10点差です。

先の図のC_1、C_2とE_1、E_2の点差を見てみると、
10点差になることはなく、4点差になるのは
C_1とE_2の組合せのときだけです。
CとEの位置が確定します。

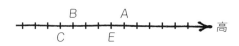

残る1つのDは、
エ　**C**と**D**は**7**点差だった。
オ　**D**と**E**は**3**点差だった。
ですから、Cから7点差で、Eから3点差にな
るところを探すと、次の図のように1箇所しか
ありません。Dの位置も確定します。

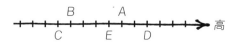

互いの点差はわかりましたが、何点なのかは、
これだけではわかりません。
ここで使うのが、
キ　平均＝71.4

これがコツ！
位置が1箇所に確定しなくて
も、数箇所に絞れたら書き込
みましょう。

なんでこうなるの？
E＜AとB＜Aはわか
りましたが、BとEはどちら
の得点のほうが高いか、まだ
わかりません。わかっている
のは「ウ　BとEは3点差だっ
た」ということだけで、EがB
より3点得点が高い場合と、3
点得点が低い場合の両方があ
りえます。

なんでこうなるの？
同じDに対しての点差
がわかっているので、Cに対
するEの点差は、
＋7＋3＝＋10
（C＜DでD＜Eの場合）
＋7−3＝＋4
（C＜DでD＞Eの場合）
−7−3＝−10
（C＞DでD＞Eの場合）
−7＋3＝−4
（C＞DでD＜Eの場合）
と、いずれの場合でも、7と3
の合計の10か、7と3の差の
4になります。

ちょっと
ヒトコト
ひとつずつではなく、
組合せで判明というの
が、この設問のポイントで、
難しいところです。

です。

$$(A + B + C + D + E) \div 5 = 71.4$$
$$A + B + C + D + E = 71.4 \times 5 = 357$$

ということです。

求めるのは **B** の得点ですから、他の人たちの得点を B との点差で表します。
B だけの式にするためです。

$$
\overset{\text{A}}{\underset{\downarrow}{(B+4)}} + B + \overset{\text{C}}{\underset{\downarrow}{(B-1)}} + \overset{\text{D}}{\underset{\downarrow}{(B+6)}} + \overset{\text{E}}{\underset{\downarrow}{(B+3)}} = 357
$$
$$5B + 12 = 357$$
$$5B = 345$$
$$B = 69$$

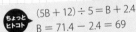
$$(5B + 12) \div 5 = B + 2.4$$
$$B = 71.4 - 2.4 = 69$$
と求めても OK です。

正解 3  正解！

やってしまいがちな ✖ 解答

はじめに数直線に**平均**の位置を記入し、そこに A 〜 E を入れようすると、そこから進めなくなります。

また、ア〜オのそれぞれについて図を描いて組み合わせようとすると、それも混乱します。

情報をどういう手順で使って、図にしていくか、そこをよく見ておいてください。

おさらい

😄 勝者の解き方！

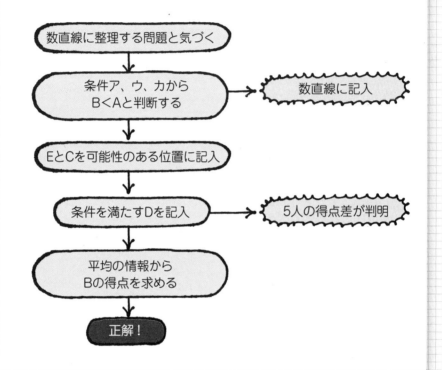

数直線に整理する問題と気づく

↓

条件ア、ウ、カから
B＜Aと判断する → 数直線に記入

↓

EとCを可能性のある位置に記入

↓

条件を満たすDを記入 → 5人の得点差が判明

↓

平均の情報から
Bの得点を求める

↓

正解！

😵 敗者の落とし穴！

◌ 数直線を活用せず、得点差の情報の整理に混乱する。

◌ 位置が1箇所に確定するまで数直線に書き込まず、いつまでも確定できない。

◌ 全ての条件を数直線に記入しようとして混乱する。

◌ 平均の情報をどのように使えばよいかわからなくて、正解にたどり着けない。

重要問題 5　時計から時刻を推理するタイプ

　A～Dの4人は野球の練習のため、グラウンドの時計で10時ちょうどに待ち合わせた。各人が次のように述べているとき、確実に言えることとして、最も妥当なのはどれか。ただし、グラウンドの時計は正確であり、各人の時計の針がずれてはいるが、正しく動くものとする。

A　私は自分の時計が2分進んでいると思ったので、約束の4分前に着いたと思ったが、Bの時計では10時2分だった。

B　私は自分の時計で10時3分に着き、私の3分後にDが着いた。

C　私は自分の時計が3分進んでいると思ったので、約束の1分前に着いたと思った。私の時計はAの時計より7分進んでいた。

D　私は自分の時計で約束の時間ちょうどに着いたが、グラウンドの時計では5分遅刻だった。

1　Aの時計はグラウンドの時計より3分遅れていた。

2　Bの時計はCの時計より3分進んでいた。

3　Cは2番目に早く着いた。

4　CはDの時計で9時54分に着いた。

5　DはAの時計で10時3分に着いた。

(警視庁 I 類　2016 年度)

この設問は 🖙 **時計の情報から到着順などを推理する問題です。**

解くための下ごしらえ

文章題を、図や記号やメモの形に変えましょう。

A〜Dの4人　10時に待ち合わせ
グラウンドの時計は正確　各人の時計はずれ
ている

A　Aの時計→2分進んでいて9：56
　　Bの時計→10：02

B　Bの時計→10：03
　　3分後にD

C　Cの時計→3分進んでいて9：59
　　Aの時計より7分進んでいる

D　Dの時計→10：00
　　グラウンド→10：05

これを計算すると…

「私は自分の時計が2分進んで
いると思ったので、約束の4
分前に着いたと思った」とい
う言い方は、とてもややこし
いです。こういう国語的な難
しさでつまずく人も少なくあ
りません。
とりあえず、「2分進んでいる」
とメモし、「約束の4分前」は
10時の4分前の9：56なので、
これくらいは計算しておきま
しょう。

目のつけ所！

「グラウンドの時計は正確」なので、これを基
準にします。

グラウンドの時計の情報があるのは、Dの発言
だけ。

グラウンドの時計→Dの時計→Dと比較して
あるBの時計→Bと比較してあるAの時計
→Aと比較してあるCの時計……というふう
にたどっていきます。

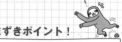

つまずきポイント！

「遅れている」「進んでいる」
の情報から、時間をプラスし
たらいいのかマイナスしたら
いいのか、そこを間違えない
ように注意！
たとえば「約束の4分前」を
10時4分と勘違いしてしまっ
たり。こういううっかりミス
は、数学が得意な人でも、意
外にやってしまいがちです。

最短で解く方法

A ～ D が述べている条件はすべて、「グラウンドにいつ着いたか」なので、それを表にまとめます。

	A の時計	B の時計	C の時計	D の時計	グラウンドの時計
A が着いたとき	9:58	10:02			
B が着いたとき		10:03			
C が着いたとき	9:55			10:02	
D が着いたとき		10:06		10:00	10:05

ここから、A ～ D がグラウンドに着いた正確な時間を割り出していきましょう。

グラウンドの時計は正確。D が着いたときは **10：05**。

D の時計は 10：00 だったわけで、
→ D の時計は 5 分遅れています。

↓

D の 3 分前に、B が着いた。
D が着いたのは 10：05 なので、その 3 分前は **10：02**。
B の時計が 10：03 ということは、
→ B の時計は 1 分進んでいます。

↓

B の時計で 10：02 のときに、A が着いた。
B の時計は 1 分進んでいるので、A が着いた本当の時刻は **10：01**。
A の時計が 9：58 だったということは
→ A の時計は 3 分遅れています。

これがコツ！

どう表にするかですが、「A ～ D の時計の時間」と「本当に着いた時間」という 2 つの要素があるので、これを縦軸と横軸にして、表をつくります。
なお、A ～ D だけでなく、「グラウンドの時間」も表に入れるのがコツ！ これを忘れないように。

これを計算すると…

A は、9：56（約束の 4 分前）に着いたと思って、「私は自分の時計が 2 分進んでいる」と思っていたのですから、時計が指し示していた時刻は、9：58 ということになります（グラウンドに着いたときに時計を見たら 9：58 で、2 分進んでいると思っていたら、約束の 10 時より 4 分早く着いたと思うことになります）。
このややこしさが、時計の問題のキモなので、注意してください！
なお、C の時計の時刻についても同様です。9：59（約束の 1 分前）に着いたと思って、「私は自分の時計が 3 分進んでいる」と思っていたのなら、時計が指し示しているのは 10：02。

ここで、選択肢 1 の「**A の時計はグラウンドの時計より 3 分遅れていた**」が正解とわかります。

正解　1　**正解！**

本番の試験では、もちろんこれ以上やる必要はありませんが、普段の勉強では、最後までちゃんと解いておいたほうがいいでしょう。

つづきです。

↓

C の時計は、A の時計より 7 分進んでいるので、

→**C の時計は 4 分進んでいます。**

C が着いたとき、C の時計は 10：02 なので、

C が着いた本当の時刻は **9：58**。

以上の結果を表に書き込むと、次のようになります。

	A の時計	B の時計	C の時計	D の時計	グラウンドの時計
A が着いたとき	9:58	10:02			10:01
B が着いたとき		10:03			10:02
C が着いたとき	9:55		10:02		9:58
D が着いたとき		10:06		10:00	10:05
	3 分遅れ	1 分進み	4 分進み	5 分遅れ	正確

さらに、表のすべてを埋めると、次のようになります。

	A の時計	B の時計	C の時計	D の時計	グラウンドの時計
A が着いたとき	9:58	10:02	10:05	9:56	10:01
B が着いたとき	9:59	10:03	10:06	9:57	10:02
C が着いたとき	9:55	9:59	10:02	9:53	9:58
D が着いたとき	10:02	10:06	10:09	10:00	10:05
	3 分遅れ	1 分進み	4 分進み	5 分遅れ	正確

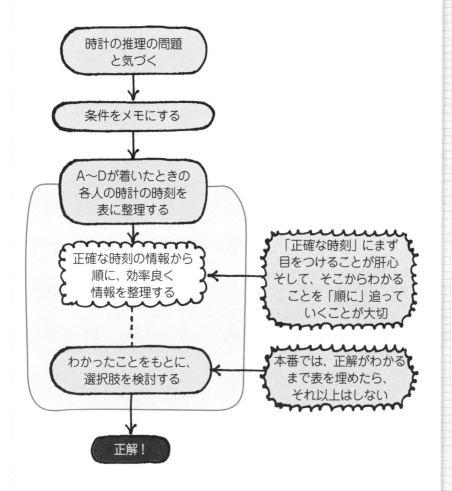

おさらい

😄 勝者の解き方！

時計の推理の問題と気づく

↓

条件をメモにする

↓

A〜Dが着いたときの各人の時計の時刻を表に整理する

正確な時刻の情報から順に、効率良く情報を整理する

←「正確な時刻」にまず目をつけることが肝心　そして、そこからわかることを「順に」追っていくことが大切

わかったことをもとに、選択肢を検討する

←本番では、正解がわかるまで表を埋めたら、それ以上はしない

↓

正解！

敗者の落とし穴！

◊ 到着順の問題と勘違いして、数直線の整理をし、行き詰まる。

◊ 時計の進む、遅れるの情報で混乱し、時刻の判断を誤る。

◊ A〜Dの時計の時刻のどこからどの順番で手をつけたらいいかわからず、
行き詰まる。

◊ 選択肢の判断に必要のない情報まですべて調べ上げ、時間をロスする。

位置関係

★★★★★

順序関係と並ぶツートップ！

§2　位置関係

出題頻度 No.2

出題数は**「順序関係」と並んでツートップ**です。僅差でNo.2のことが多いですが、年度によってはNo.1のこともあります。

ただ、「順序関係」と「位置関係」は内容も解き方も似ており、どちらを勉強しても相互の力が付くでしょう。

出題傾向は安定しており、「重要問題」で紹介するタイプがほとんどですが、**最近の国家の問題は、判断推理の問題が全体的に複雑化しております**ので、迅速に処理できるよう練習が必要です。

「位置関係」というのはどんな問題？

「座席はどこか？」とか「部屋はどこか？」とか、文字通り、**「位置関係を明らかにする」**問題です。座席や部屋の配置だけでなく、街や、もっと広範囲な地図の問題もあります。

条件が与えられていて、そこから推理します。

条件を図に表しながら解くのが主流です。

空間認識の要素が強いところが、他の分野の問題と少しちがいます。

最も多いパターンは、「重要問題1」のような、配置に関する情報を図に表し、それを組み合わせて解く問題です。

そうした典型的な問題を中心に、条件を図に表す方法をマスターし、効率のいいやり方を身につければ、解けるようになります。

注意すべき点としては、「場合分け」が必要な問題が多いので、**「場合分け」を最小限に留めて、無駄な作業をしないようにすること**です。このことについては、問題の解説のところで説明します。

おさえておくべき 重要問題 の紹介

重要問題 1 配置の推理 ✴●●✴ ☞ P40
➡ 地図、部屋の配置、座席などの平面図の問題。最もよく出題されるパターン。

重要問題 2 円卓の問題 ✴●●✴ ☞ P46
➡ 円形に並んだ場合の座席などを推理する問題。

重要問題 3 方角の推理 ✴●●✴ ☞ P55
➡ 方角の条件から地図を描く問題。

ここがポイント！ 条件を組み合わせて解きますが、どのような手順で作業するかで、時間のかかり具合が変わってきます。
最短の時間で解ける手順を身につけることがポイント！

　図のような 16 の部屋から成る 4 階建てのワンルームマンションがある。A 〜 H の 8 人がいずれかの部屋に 1 人ずつ住んでおり、A 〜 H の 8 人が住んでいる部屋以外は空室である。また、各階とも東側から西側に向かって 1 号室、2 号室、3 号室、4 号室の部屋番号である。このワンルームマンションについて次のことが分かっているとき、確実にいえるのはどれか。

東側　　　　　　　　　　　　　　　　　　　　　　西側

　　　　1 号室　　2 号室　　3 号室　　4 号室

○ A は 1 階の 1 号室に住んでいる。また、他の階で 1 号室に住んでいるのは、H のみである。

○ B は 2 階に住んでいる。また、B の隣の部屋は両方とも空室である。

○ C は、D の一つ真下の部屋に住んでおり、かつ E の一つ真上の部屋に住んでいる。また、E の隣の部屋には G が住んでいる。

○ F は 2 号室に住んでおり、C より上の階に住んでいる。

○ F、G、H の 3 人はそれぞれ異なる階に住んでいる。

1　B と C は異なる階に住んでいる。

2　D と F は同じ階に住んでいる。

3　H の隣の部屋は空室である。

4　1 階に住んでいるのは 2 人である。

5　全ての部屋が空室である階がある。

（国家一般職　2019 年度）

この設問は 🖙 **条件から部屋の配置を推理する、よく出題されているパターンです。**

解くための下ごしらえ

これらの条件が、文章のままでは、とてもわかりにくいですね。

これを図やメモにしましょう。

○Aは1階の1号室に住んでいる。また、他の階で1号室に住んでいるのは、Hのみである。

(H)			
(H)			
(H)			
A			

○Bは2階に住んでいる。また、Bの隣の部屋は両方とも空室である。

×	B	×	←2階

○Cは、Dの一つ真下の部屋に住んでおり、かつEの一つ真上の部屋に住んでいる。また、Eの隣の部屋にはGが住んでいる。

○Fは2号室に住んでおり、Cより上の階に住んでいる。

F→2号室、Cより上

○F、G、Hの3人はそれぞれ異なる階に住んでいる。

F、G、H→異なる階

なぜ間違ってしまうのか？

問題を解くためは、下ごしらえこそが肝心です！
いきなり解こうとあせると、かえって泥沼です。
きちんと下ごしらえすれば、自然と解けます。
急がば回れ！ これを忘れないようにしてください。

これがコツ！

位置関係では、「条件を図にする」というのが基本です。

ちょっとヒトコト Hはまだどの階の1号室かわからないので、（ ）を付けておきます。

ちょっとヒトコト わかっていることをブロックの状態で図にします。
「空室」というのも重要な情報！ ×印を入れておきましょう。

ちょっとヒトコト Fの階も、Cの階と号数も確定しないので、この条件だけでは図に描きにくいです。
そういうときは、無理せずに、こういうわかりやすいメモにしておきましょう。

目のつけ所！

「解くための下ごしらえ」で図やメモのかたちにした条件を、組み合わせていきましょう。

いろんな組み合わせになりにくい、なるべく確定していくものから組み合わせていくのがコツです。

最短で解く方法

まずは、1番目の条件の図に、2番目の条件のブロックをあてはめてみましょう。

次の2つの可能性がありえます。

①

(H)			
(H)			
×	B	×	
A			

②

(H)			
(H)			
(H)	×	B	×
A			

ここに3番目の条件をあてはめてみましょう。

②には入れられないことがわかります。

また、3番目の条件をあてはめられる場所は、この一箇所のみです。

①

(H)			
(H)			D
×	B	×	C
A		G	E

残るはFとHです。

Fについては、

F→2号室、Cより上

F、G、H→異なる階

ですから、

この条件を満たすF、Hの位置には、次の2種
類があります。

H			
	F		D
×	B	×	C
A		G	E

		F		
H			D
×	B	×	C
A		G	E

ここで、選択肢をひとつずつ検討していきま
しょう。

1　BとCは異なる階に住んでいる。

→同じ階です。

2　DとFは同じ階に住んでいる。

→同じ階かもしれませんが、ちがうかもしれま
せん。

3　Hの隣の部屋は空室である。

→これは確実に正しいと言えます。正解です！

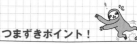

あとはもう確認する必要はありませんが、ここ
ではいちおう見ておきましょう。

4　1 階に住んでいるのは 2 人である。
→間違っています。

5　全ての部屋が空室である階がある。
→間違っています。

正解 3  **正解！**

○ F は 2 号室に住んでおり、C より上の階に住
んでいる。
という 4 番目の条件を読んで、**F と C は同じ縦列、**
つまり「C も同じ 2 号室」というふうに勘違い
してしまいがち。

そうすると、3 番目の条件との矛盾に悩むことに
なります。
また、F と H の部屋を特定しようとして悩むこ
とになります。

おさらい

😄 **勝者の解き方！**

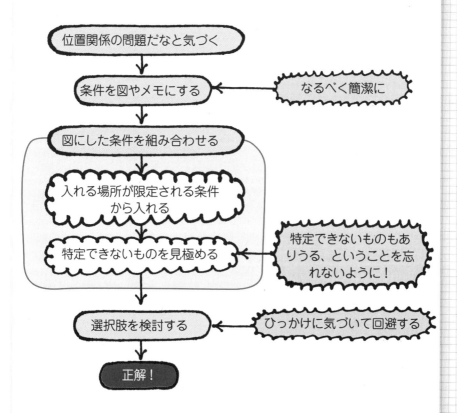

位置関係の問題だなと気づく

↓

条件を図やメモにする ← なるべく簡潔に

↓

図にした条件を組み合わせる

↓

入れる場所が限定される条件から入れる

↓

特定できないものを見極める ← 特定できないものもありうる、ということを忘れないように！

↓

選択肢を検討する ← ひっかけに気づいて回避する

↓

正解！

😵 敗者の落とし穴！

- すべての条件を最初から設問の図に記入しようとして混乱する。
- 「真上」と「より上」を混同し、条件を組み合わせられない。
- ＦとＨの部屋が特定しないことに気づかず、選択肢２を選んでしまう。

A、B、C、D、Eの5人が丸いテーブルについている。A〜Eは、大人3人と子ども2人のグループであり、子どもの両隣には大人が座っている。大人は赤ワイン、白ワイン又はビールを、子どもはコーラ又はオレンジジュースをそれぞれ1品ずつ注文した。A〜Eが次の発言をしているとき、AとBが注文した飲み物の組合せとして最も適当なのはどれか。ただし、A〜Eの発言はいずれも正しいものとする。

A：「わたしの左隣の人は赤ワインを注文した。」
B：「わたしの右隣の人はコーラを注文した。」
C：「わたしの左隣の人はオレンジジュースを注文した。」
D：「わたしの左隣の人は白ワインを注文した。」
E：「わたしは赤ワインを注文した。」

	A	B
1	オレンジジュース	白ワイン
2	オレンジジュース	ビール
3	コーラ	白ワイン
4	コーラ	ビール
5	ビール	コーラ

（裁判所職員　2013年度）

この設問は ☞ **円形に並んでいる場合の座席を推理する問題です。**

 解くための下ごしらえ

この問題では、まず設問文にいろいろ大切な情報が出てきます。
文章のままでは理解しづらいので、ひと目でわかるように、重要な情報をメモとして書き出しましょう。

これがコツ！

図にできれば図に、記号にできれば記号に、それが無理な場合も、なるべく簡潔なメモに！

大3 子2 ―――――――――

大人3人、子ども2人ということ。

大子大 ―――――――――

子どもの両隣は大人ということ。

大人→赤、白、ビ
子ども→コ、オ
各1品 ―――――――――

大人は赤ワイン、白ワインまたはビールを、子どもはコーラまたはオレンジジュースをそれぞれ1品ずつ注文したということ。

次に、A～Eの発言です。これを記号化していきましょう。

大（赤）・A ―――――――――

Aの左隣の人は赤ワインを注文したので大人です。

B大・子（コ） ―――――――――

Bの右隣の人はコーラを注文したので子どもです。
子どもの隣は大人なので、Bは大人とわかります。

子（オ）・C大 ―――――――――

大（白）・D ―――――――――

Cの左隣の人はオレンジジュースを注文したので子どもです。
子どもの隣は大人なので、Cは大人とわかります。

E大（赤） ―――――――――

Dの左隣の人は白ワインを注文したので大人です。

Eは赤ワインを注文しているので大人です。

目のつけ所！

まず、目のつけ所というか、見逃してはいけないのは、「丸いテーブル」ということです。5人は円形に並んでいるのです。これで「円卓の問題だな」と気づきましょう。

円形に並んでいる場合、当然、真っ直ぐに並んでいるのとはちがってきます。

まず基準となる人を決めて、その人を中心に位置関係を求めていきます。

つまずきポイント！

設問文に「A、B、C、D、Eの5人が丸いテーブルについている」と書いてあるので、「5人はこの順番に並んでいるんだ」と思ってしまう受験生が少なくありません。

そう思い込んでしまうと、まったく解けなくなってしまいます！

どういう順に並んでいるかを、まさに考えなければならないのです。

便利なやり方！

円形に並んでいるというと、とてもややこしそうですが、どこか一点を基準にすれば、ただ1列に並べたのと同じことです。

あまり難しく考える必要はありません。

最短で解く方法

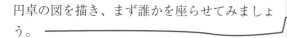

円卓の図を描き、まず誰かを座らせてみましょう。

座らせるのは、次につながる条件の多い人ほどいいです。

A：「わたしの左隣の人は赤ワインを注文した。」
E：「わたしは赤ワインを注文した。」
と条件に2回「赤ワイン」が出てきます。

なんでこうなるの？

円卓以外の場合は、適当な位置にいきなりあてはめてみるわけにはいきません。

でも円卓の場合には、最初のひとりはどこに座らせても、大丈夫なのです。回転させれば同じことだからです。5人の並びだけが重要なのです。

E が赤ワインを注文していて、E は A の「左隣」 とわかります。

まず、この 2 人から座らせてみましょう。

A を図の位置に座らせ、左隣に E を座らせ「赤」と記入します。
その他の席を①〜③とします。

さて、「大（赤）・A」ですから、A の右隣の③はわかりません。

E の左隣の①はどうでしょう？
B 〜 D の発言は、次の通りです。

B 大・子（コ）

子（オ）・C 大

大（白）・D

C と D の右隣はわかりません。
B の右隣は子どもです。E は大人なので、E が右隣に来ることはありません。ということは、
①は B ではありません。

 なんでこうなるの？

設問文にあるように（下ごしらえで確認したように）、5 人は 5 種類の飲み物をそれぞれ 1 品ずつ注文したのですから、赤ワインを頼んだのは 1 人だけです。
そして、E は「わたしは赤ワインを注文した」と言っています。
ですから、A の左隣の赤ワインを注文した人というのは、E です。

 ちょっとヒトコト ○の中に人、（ ）に飲み物というように、場所を決めて記入します。

つまずきポイント！

円卓の問題では「右隣」とか「左隣」とかを考えるときに、混乱しがちです。
たとえば②の左隣を①と思ってしまったり。
「人物はつねに円卓の中心のほうを向いている」と考えましょう。
つまり、②の右手は①の側にあり、①は②の右隣です。

 ここに注目！

ここで「じゃあ、①に誰が入るのかわからないな……」と終わってしまってはいけません！
「①に B が入らない」ということがわかったのです。これは大切な情報です！

つまり、**B は②か③に入る**ということです。
ここで場合分けをします。——

これがコツ！

なるべく絞っていって、絞りきれないときは、「場合分け」です。

B が②の場合

「**B大・子（コ）**」ですから、B の右隣の①は子どもでコーラを注文したことになります。

C は大人なので、①は C ではありません。

つまり、**C は③**ということになります。

①には D が入ることになります。

それで条件に矛盾は起きないでしょうか？——

ちょっとヒトコト 矛盾が起きれば間違っているということです。
それを確認します。

子（オ）・C大

大（白）・D

という条件をあてはめてみると、

C の左隣の A は、子どもでオレンジジュースを注文したことになります。

D の左隣の B は、大人で白ワインを注文したことになります。

残るビールは、C が注文したことになります。

すべてうまくおさまって、矛盾は起きません。

B が③の場合

②がコーラを注文したことになります。

つまり、①の左隣の人はコーラを注文したことになります。

でも、

子（オ）・C大

大（白）・D

ですから、①はCでもDでもありません。

うまくあてはめることができないので、これはちがっているということです。

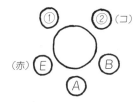

「Bが②の場合」の図が正しいということになります。

したがって、Aはオレンジジュース、Bは白ワインです。

正解1　

選択肢から解いていくやり方もあります。

5人が5種類の飲み物を「それぞれ1品ずつ注

文した」と設問文にあり、

B：「わたしの右隣の人はコーラを注文した。」

と発言しています。

つまり、**B がコーラを頼んでいる可能性はありません。**

にもかかわらず、

	A	B
5	ビール	コーラ

という選択肢があります。

これは最初から確実に×です。

この選択肢 5 を除外すると、

残りの 1 ～ 4 の選択肢の A の飲み物はオレンジジュースかコーラです。つまり、A は子どもだということが、選択肢を見るだけでわかります。

同じく、B の飲み物は「白ワイン」か「ビール」で、**B は大人**とわかります。

A：「わたしの左隣の人は赤ワインを注文した。」
E：「わたしは赤ワインを注文した。」

という発言から、A の左隣は赤ワインの E です。

E（赤）・A

B：「わたしの右隣の人はコーラを注文した。」

A の左隣は E なので、B ではありません。つまり、B の右隣は A ではありません。

ということは、**A はコーラを注文していません。**
A はオレンジジュースということになります。

C：「わたしの左隣の人はオレンジジュースを
注文した。」

と言っているので、Cの左隣がA（Aの右隣が
C）ということになります。

E（赤）・A（オ）・C

残るはBとDですが、

Bの右隣はコーラなので、Eの左隣はBではあ
りません。

となると、**Eの左隣はD**ということに。

残った**B**はさらにその左隣ということになり
ます。

B・D・E（赤）・A（オ）・C

Bの右隣はコーラなので、**Dはコーラ**。

D：「わたしの左隣の人は白ワインを注文した。」

なので、**Bは白ワイン**ということになります。

これで正解は1とわかります。

コーラとオレンジジュースが隣り合わないことを
忘れると、次のような図を描いてしまうことも。

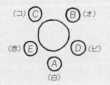

**ちょっと
ヒトコト** コーラとオレンジ
ジュースを注文したの
は子どもで、子どもは両隣が
大人になります。

つまり、コーラとオレンジ
ジュースを注文した人が隣り
合うことはありません。

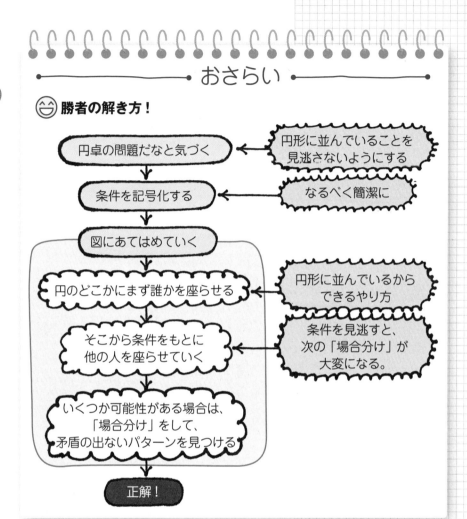

おさらい

😄 **勝者の解き方!**

円卓の問題だなと気づく ← 円形に並んでいることを見逃さないようにする

条件を記号化する ← なるべく簡潔に

図にあてはめていく

円のどこかにまず誰かを座らせる ← 円形に並んでいるからできるやり方

そこから条件をもとに他の人を座らせていく ← 条件を見逃すと、次の「場合分け」が大変になる。

いくつか可能性がある場合は、「場合分け」をして、矛盾の出ないパターンを見つける

正解!

😵 敗者の落とし穴!

- 設問文を文章のまま頭に入れようとして、何度も読み返したり、大切な情報を見落としたりする。

- 誰から図に記入するか、どの席に記入するかを迷い、初めから場合分けしてしまう。

- Bの位置が、CやDと比べて限定される(①ではない=②か③に入る)ことに気づかず、場合分けの基準が定まらない。

- 場合分けをして、矛盾が生じるかどうかの見極めがつけられない。

東京のある地域の地点 A 〜 F の位置関係について調べたところ、次のア〜オのことが分かった。

ア 地点 A は、地点 F の真北にあり、かつ、地点 E から真北に向かって 45°の右前方にある。

イ 地点 B と地点 C の間の直線距離と、地点 E と地点 F の間の直線距離の比は、3：1である。

ウ 地点 C は、地点 E の真南にあり、かつ、地点 B から真南に向かって 45°の左前方にある。

エ 地点 D は、地点 C から真北に向かって 45°の右前方にあり、かつ、地点 B の真東にある。

オ 地点 F は、地点 B の真東にあり、かつ、地点 E から真南に向かって 45°の左前方にある。

以上から判断して、確実にいえるのはどれか。ただし、地点 A 〜 F は平たんな地形上にある。

1 地点 A は、地点 B の真東にある。

2 地点 A は、地点 C の真南にある。

3 地点 A は、地点 D から真北に向かって 45°の左前方にある。

4 地点 F は、地点 C から真北に向かって 45°の右前方にある。

5 地点 F は、地点 D から真東に向かって 45°の右前方にある。

（東京都Ⅰ類B　2015 年度）

この設問は ☞ **方角の条件から、地図を描く問題です。**

解くための下ごしらえ

ア～オの条件が、文章のままではわかりにくいので、図にしていきましょう。

つまずきポイント！

条件を1つずつ図にしていきましょう。
いきなり1つの図にまとめようとするなど、無謀なことはしないように。

> ア　地点Aは、地点Fの真北にあり、かつ、地点Eから真北に向かって45°の右前方にある。
>
>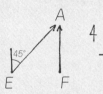

これがコツ！

「北を上」と決めて、図を描きましょう。

つまずきポイント！

EとFを横並びに書いてありますが、これは仮です。
EとFの位置関係はわかりません。
たとえばEのほうがもっとAに近いかもしれませんし、もっと遠いかもしれません。Fについても同じことです。
それを忘れないように！
これがこの種の問題のいちばん難しいところです。

> イ　地点Bと地点Cの間の直線距離と、地点Eと地点Fの間の直線距離の比は、3：1である。
>
> $BC：EF＝3：1$

これがコツ！

比が出てきたら、ひと目でわかるよう、こういう式にしましょう。

ウ　地点Cは、地点Eの真南にあり、かつ、
　　地点Bから真南に向かって45°の左前方
　　にある。

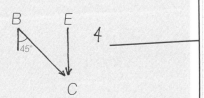

つまずきポイント！

「地点Bから真南に向かって
45°の左前方」なので、こうい
う図になります。
右と左を混乱しないように気
をつけましょう。
自分が地点Bに立って、真南
を向いて、45°の左前方に手を
伸ばしているところを想像す
ると、間違えにくいと思いま
す。

エ　地点Dは、地点Cから真北に向かって
　　45°の右前方にあり、かつ、地点Bの真
　　東にある。

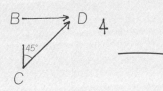

アの場合と同じで、
BとEの位置関係はわ
かりません。

BとCの位置関係はわ
かりません。

オ　地点Fは、地点Bの真東にあり、かつ、
　　地点Eから真南に向かって45°の左前方
　　にある。

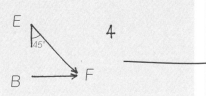

BとEの位置関係はわ
かりません。

目のつけ所！

アウエオには方角と角度が出てきます。
イだけ、B、C、E、Fの距離の情報が出てきます。
B、C、E、Fの位置関係を整理して、イの情報
をもとに地図を描きましょう！

最短で解く方法

ア〜オの条件を図にしましたが、今度はそれを
1つの図に組み合わせてみましょう。

「目のつけ所！」で述べたように、まずB、C、E、
Fの位置関係を割り出します。

アで不明だったEとFの位置関係は、オでわ
かります。
A、E、Fは図のような位置関係になります。
△ AEF は直角二等辺三角形です。

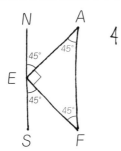

この図にさらに他の記号の位置を足していきま
しょう。
オでBはFの真西にあります。
同じくBの出てくるウと組み合わせて考える
と、図のような**位置関係**になります。

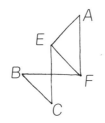

? なんでこうなるの？

北と南を結ぶ直線を、説明のために仮にNSとします。
条件アより∠AENは45°です。
条件オより∠FESは45°です。
∠AEFは、180°−（45°＋45°）＝90°（直角）です。
また、AFも北と南を結ぶ線なので、NSと平行です。
なので（平行線の錯角は等しいので）、
∠AENと∠EAFは等しく、
∠EAFも45°です。
同じく、∠AFEも45°です。
したがって、△AEFは直角二等辺三角形です。
AEとEFの辺の長さは等しいことになります。

? なんでこうなるの？

オより、BはFの真西。
ウより、CはEの真南で、Bの南東（45°）の位置。

B、C、E、F の位置関係がわかったので、
イの距離の情報をここに足しましょう。

BC：EF＝3：1

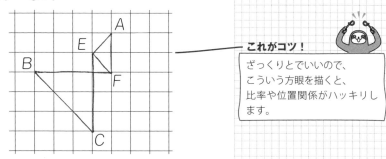

ここにエの図を足すと、Dの位置もわかります。

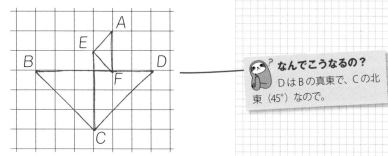

これでA〜Fのすべての位置がわかったので、
選択肢を検討してみましょう。

AとDを線で結ぶと、選択肢3が正しいこと
がわかります。
他の選択肢は正しくありません。

正解3　　正解！

まず条件アを図にするところで、FがEの真東
にあると誤解して、間違った図を描いてしまう。
あるいは自分が描いた図を見て、そう思い込ん
でしまう。

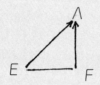

条件ウ、オの図を、「真南に向かって45°の左前
方にある」の方向を間違えて、左右逆に描いて
しまう。

● おさらい ●

😄 勝者の解き方！

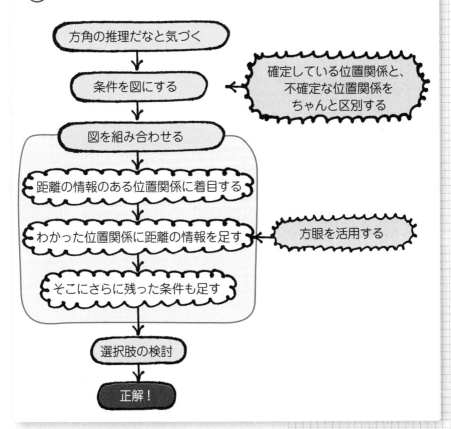

```
方角の推理だなと気づく
        ↓
条件を図にする  ←  確定している位置関係と、
        ↓          不確定な位置関係を
図を組み合わせる          ちゃんと区別する
        ↓
距離の情報のある位置関係に着目する
        ↓
わかった位置関係に距離の情報を足す  ←  方眼を活用する
        ↓
そこにさらに残った条件も足す
        ↓
選択肢の検討
        ↓
正解！
```

😵 敗者の落とし穴！

◊ 最初からひとつの図に整理しようとして混乱する。

◊ 位置関係の不明なものまで、思い込みで不正確な図を描く。

◊ B、C、E、F に着目せず、A を中心に描こうとして、条件イになかなか
　 たどり着けない。

◊ 図が適当で、A と D の位置関係を見極められない。

頻出度 × 学習効果

3

対応関係

★★★★✦

判断推理の代表的存在！

§3　対応関係

頻出度 ★★★★✦

最も「判断推理」らしい問題！

　かつては、判断推理の出題数№1だった時期もあり、判断推理の「顔」ともいえる代表的分野です。

　近年では、「順序関係」や「位置関係」ほどではありませんが、あらゆる試験でコンスタントに出題されています。ただ、出題数はやや不安定なところがあり、あまり出題のない年もあります。

「対応表」がキモ！

　多くの問題は、「対応表」と言われる表に整理します。

　対応関係以外にも、「試合」や「数量推理」などで表を使う問題はあります。

　ここでしっかり慣れておくことで、他の分野でも表を使いこなす基礎的な力が養われます。

　「対応表」は、「重要問題1」のような2項目ものであれば、縦、横に1項目ずつ取ることで簡単に書けます。しかし、条件が複雑になると、表の書き方から考えることになり、これを誤ると、条件を整理するにも、どうしていいかわからなくなる恐れがあります。

最近は割と普通の問題が主流！

　最近の傾向としては、表の書き方に迷うような複雑な問題は少なくなり、**割と普通の「2項目」の対応関係の問題が主流**となっています。

　ただ、すらすらと表を埋められる問題はそれほど多くはなく、たいていは、条件をしっかり考え、ときには場合分けなどもしながら解く問題になります。

おさえておくべき 重要問題 の紹介

重要問題 1 2項目の対応表 ✹✹✹✹✹✹ ☞ P66

⟹ 人と職業など、2つの項目の対応関係。最も基本的なパターン！

重要問題 2 2項目の対応関係＋α ✹✹✹✹✹✹ ☞ P74

⟹ 2項目の対応関係ですが、少し条件が複雑になります。

重要問題 3 同メンバー間での対応関係 ✹✹✹ ☞ P80

⟹ 対応表でも解けますが、「グラフ」を使う解法も。

重要問題 4 表の書き方を考えるタイプ ✹✹✹ ☞ P86

⟹ 普通の表では条件を整理しにくい問題。

ここが ポイント！ 「対応表」というツールを活用して、情報を整理するというのは、判断推理の最も基本となる作業です。

ここをしっかり練習することで、他の分野の勉強がスムーズになります！

3

　A～Eの学生5人における政治学、経済学、行政学、社会学、法律学の5科目の履修状況について次のことが分かっているとき、確実にいえるのはどれか。

○　5人が履修している科目数はそれぞれ3科目以内である。
○　政治学を履修している者は2人いる。
○　経済学を履修している者は2人おり、そのうちの1人はAである。
○　行政学を履修している者は3人おり、そのうちの1人はAである。
○　社会学を履修している者は3人おり、そのうちの2人はAとDである。
○　法律学を履修している者は4人いる。
○　AとEが2人とも履修している科目はない。
○　Cは政治学も社会学も履修していない。

1　Bは政治学を履修していない。
2　Bは行政学を履修していない。
3　Cは経済学を履修していない。
4　Dは経済学を履修していない。
5　Dは行政学を履修していない。

（国家一般職　2013年度）

この設問は 🖙 2つの項目の対応関係。最も基本的なパターンです！

解くための下ごしらえ

「A～Eの5人」と「5科目」の対応関係の問題ということに気づきましょう。

それに気づいたら、**この2項目で対応表を作成**します。

	政治	経済	行政	社会	法律	計
A						
B						
C						
D						
E						
計						

8つの条件をこの表に書き込んでいきます。
「履修している」を〇、「履修していない」を×で表しました（どんな記号にするかは自由です）。

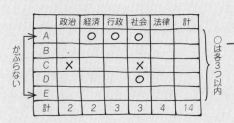

かぶらない

〇は各3つ以内

3

ちょっとヒトコト

A～Eの5人が、5科目のどれを履修しているのかという、対応関係が問われています。

これがコツ！

「A～Eの5人」と「5科目」の対応関係を明らかにするためですから、
「A～Eの5人」を縦軸に、「5科目」を横軸にとります。
縦と横は逆でもかまいません。
「計」の欄も、それぞれにつけます。

これがコツ！

条件は文章のままではわかりにくいですが、表に書き込むと、とてもわかりやすくなります。

なんでこうなるの？

8つの条件を、上からア～クとします。
ア　5人が履修している科目数はそれぞれ3科目以内である。
　→A～Eの「計」の欄に「〇は各3つ以内」とメモします。
イ　政治学を履修している者は2人いる。
　→「政治」の「計」の欄に2と書き入れます。
ウ　経済学を履修している者は2人おり、そのうちの1人はAである。

5科目すべての履修者人数がわかっているので、その合計も書いておきましょう。

$$2 + 2 + 3 + 3 + 4 = 14$$

これでもう文章は読まなくても、表だけを見ればすべてがわかり、表だけを見て解いていくことができます！

目のつけ所！

5科目の履修者人数をすべて足すと、**14**になります。

これが5人の履修科目数の合計ということなので、これをどのように各人に割り振るかがポイントです！

「○は各3つ以内」なので、全員が上限の3つを履修したとしたら、

$$5 × 3 = 15$$

になります。

14ということは、これより1つ少ないということです。

1人だけ2科目の履修で、4人は3科目履修しているということがわかります。

→「経済」の「計」の欄に2と書き入れ、Aのところに○を書き入れます。
エ　行政学を履修している者は3人おり、そのうちの1人はAである。
　→「行政」の「計」の欄に3と書き入れ、Aのところに○を書き入れます。
オ　社会学を履修している者は3人おり、そのうちの2人はAとDである。
　→「社会」の「計」の欄に3と書き入れ、AとDところに○を書き入れます。
カ　法律学を履修している者は4人いる。
　→「法律」の「計」の欄に4と書き入れます。
キ　AとEが2人とも履修している科目はない。
　→AとEのところに「かぶらない」とメモしておきます。
ク　Cは政治学も社会学も履修していない。
　→Cの「政治」と「社会」のところに×を書き入れます。

なんでこうなるの？

人数は5人ですが、A〜Eは1人で何科目も履修しているので（3科目以内）、単純に合計すると数が多くなります。
5人の履修している科目の合計数が14ということです。

つまずきポイント！

このことを見逃すと、解けません！

最短で解く方法

下ごしらえがちゃんとしてあるので、あとは料理するだけです。

「対応表」を見て、
さらにわかるところがないか、考えていきましょう。

Aはもう○が3つわかっています。
○は3つ以内なのですから、もう上限です。
他の「政治」と「法律」は履修していないことがわかります。
表のAの「政治」と「法律」のところに×を書き入れましょう。

また、**AとEはかぶらないのですから、**
Aが履修している「経済」「行政」「社会」の3つを、**Eは履修していないことになります。**
Eの「経済」「行政」「社会」のところに×を書き入れましょう。

	政治	経済	行政	社会	法律	計
A	×	○	○	○	×	3
B						
C	×			×		
D				○		
E		×	×	×		
計	2	2	3	3	4	14

かぶらない（A〜E）
○は3つ以内（A〜D）

> **ちょっとヒトコト**
> Aが履修している科目を、Eは履修していませんが、
> Aが履修してない科目を、Eは履修しているとは限らず、履修していない可能性もあります。
> （この問題では、結局、Aが履修していない科目を、Eは履修していますが）

Eの他の2科目は○なのでしょうか、×なのでしょうか。

Eは3科目×なので、**最大でも2科目しか履修**

できないことがわかります。

ここで、「目のつけ所！」で述べたことを思いだしてください。

1人だけ2科目の履修で、4人は3科目履修しているということがわかっています。

つまり、**Eが2科目で、他の4人は3科目履修**しているということです。

それを表に書き入れましょう。

	政治	経済	行政	社会	法律	計
A	×	○	○	○	×	3
B						3
C	×			×		3
D				○		3
E	○	×	×	×	○	2
計	2	2	3	3	4	14

（左側：かぶらない　右側：○は3つ以内）

Cは空きが3つしかないので、すべて○とわかります。

	政治	経済	行政	社会	法律	計
A	×	○	○	○	×	3
B						3
C	×	○	○	×	○	3
D				○		3
E	○	×	×	×	○	2
計	2	2	3	3	4	14

（左側：かぶらない　右側：○は3つ以内）

今度は、縦軸の計を見てみましょう。

「経済」は、もう○が2つあり、計が2なので、**BとDは×**とわかります。

「社会」は○が2つ、×が2つ、空き（B）が1つです。

計が3なのですから、**Bは○**とわかります。

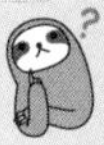

また、**「法律」**は計が4なので、×はAだけということで、

B〜Eはすべて○です。

	政治	経済	行政	社会	法律	計
A	×	○	○	○	×	3
B		×		○	○	3
C	×	○	○	×	○	3
D		×		○	○	3
E	○	×	×	×	○	2
計	2	2	3	3	4	14

かぶらない（A・E）　○は3つ以内

これ以上は確定できないので、**選択肢の検討に**進みます。

1　Bは政治学を履修していない。

表のBの「政治」は確定できていません。ですから、これは確実にはいえません。

2　Bは行政学を履修していない。

これも1の場合とまったく同じで、Bは「行政」を履修している可能性もあります。

3　Cは経済学を履修していない。

表を見れば、履修していることがわかります。

4　Dは経済学を履修していない。

表を見れば、これが正しいことがわかります。

5　Dは行政学を履修していない。

これも1のBの場合とまったく同じで、Dは「行政」を履修している可能性があります。

正解　4　 **正解！**

つまずきポイント！

表のすべてを埋められないこともあります。
それでも選択肢の正解が選べればいいのです。
どうでも全部を埋めようとして、頭をひねり続けていると、時間のロスになるので気をつけましょう。

？ なんでこうなるの？

Bは3科目を履修しているので、わかっている「社会」と「法律」以外に、もう1科目履修しているはずです。
それは「政治」の可能性があります。
「政治」を履修しているのは2人ですが、わかっているE以外のもう1人は、Bである可能性もあります。

おさらい

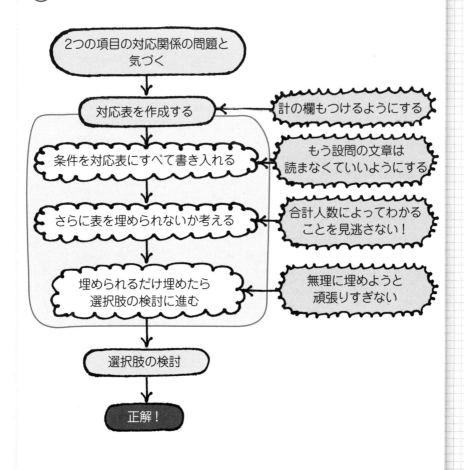

😆 **勝者の解き方！**

```
┌─────────────────────────┐
│ 2つの項目の対応関係の問題と │
│ 気づく                  │
└─────────────────────────┘
            ↓
    ┌─────────────────┐          ┌──────────────────────┐
    │ 対応表を作成する  │ ←──────── │ 計の欄もつけるようにする │
    └─────────────────┘          └──────────────────────┘
            ↓
  ┌──────────────────────────┐     ┌──────────────────┐
  │ 条件を対応表にすべて書き入れる │ ←── │ もう設問の文章は      │
  └──────────────────────────┘     │ 読まなくていいようにする │
            ↓                       └──────────────────┘
  ┌──────────────────────────┐     ┌──────────────────┐
  │ さらに表を埋められないか考える │ ←── │ 合計人数によってわかる │
  └──────────────────────────┘     │ ことを見逃さない！     │
            ↓                       └──────────────────┘
  ┌──────────────────┐              ┌──────────────┐
  │ 埋められるだけ埋めたら │ ←────────── │ 無理に埋めようと │
  │ 選択肢の検討に進む   │              │ 頑張りすぎない  │
  └──────────────────┘              └──────────────┘
            ↓
    ┌─────────────┐
    │ 選択肢の検討  │
    └─────────────┘
            ↓
    ┌─────────┐
    │ 正解！   │
    └─────────┘
```

☒☒ 敗者の落とし穴！

◑ 5人と5科目の対応であることに気づかない。

◑ 対応表を書かない。

◑ 対応表に合計欄をつけない。

◑ 条件アやキのことを忘れて、作業に行き詰まる。

◑ 合計14人を算出しない。

◑ 合計14人は算出しても、そこから3科目4人、2科目1人であることに気づかない。

◑ 表をすべて埋めることにこだわって、時間をロスする。

男性2人、女性3人のA〜Eの5人の学生が、W〜Zの4社がそれぞれ行う採用説明会のいくつかに参加した。5人の学生の参加状況について、各社の採用担当者及び学生が次のように述べているとき、確実にいえるのはどれか。

W社：「弊社の説明会に参加したのは2人だった。それらの学生は2人とも男性だった。」

X社：「弊社の説明会に参加したのはA、B、Eだった。」

Y社：「弊社の説明会に参加した男性は1人だった。」

Z社：「弊社の説明会に参加しなかったのは1人だった。その学生は男性だった。」

A：「W社の説明会には参加しなかった。」

B：「4社全ての説明会に参加した。」

C：「Y社の説明会には参加した。」

D：「1社の説明会にのみ参加した。」

E：「3社の説明会に参加した。」

1　X社の説明会には男性が2人参加した。

2　Y社の説明会に参加したのは3人だった。

3　Cは1社の説明会にのみ参加した。

4　DはZ社の説明会に参加した。

5　Eは女性だった。

（国家一般職　2016年度）

この設問は 🖙 **2項目の対応関係ですが、少し条件が複雑になります。**

解くための下ごしらえ

文章題を、図や記号やメモの形に変えましょう。

A〜E5人（男性2人 女性3人）
W〜Zの4社の説明会

W 男性2人が参加
X A、B、Eが参加
Y 男性は1人だけ参加
Z 男性1人、女性3人参加

A Wに不参加
B 4社に参加
C Yに参加
D 1社のみ参加
E 3社に参加

目のつけ所！

各社の採用担当者の発言には性別が出てきます
が、A〜Eの発言には出てきません。
発言からわかるところまで対応表に整理した
ら、性別の情報を中心に推理していきます。
男性が1人しか参加しなかったというY社とZ
社に参加した人を考えるのがポイント！

ここに注目！

W〜Zの4社、A〜Eの5人
という他に、A〜Eの「性別」
という要素があります。

最短で解く方法

W〜Zの4社、A〜Eの5人を縦軸と横軸にとっ
て、対応表を書き、各社と各人の発言からわか
ることをまとめましょう。

便利なやり方！

とにかく、まず表を書きましょう。
急がば回れです。

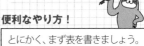

	W	X	Y	Z	計
A	×	○			
B	○	○	○	○	4
C		×		○	
D		×			1
E		○			3
計	2	3		4	

↓　　　　　↓　　↓
男性　　男性1人　男性1人

これがコツ！

W〜Zの4社、A〜Eの5人、
A〜Eの性別という3つの要
素があると、表の作成の仕方
に迷うかもしれませんが、性
別は欄外に記していけばいい
のです。

表を見て、わかることを考えていきましょう。

まず、W社に参加したのは男性だけなので、**B
は男性**とわかります。

男性は2人だけで、2人ともW社に参加し、女
性はW社には不参加です。
→つまり、**W社に不参加のAは女性とわかり
ます。**

Y社に参加した男性は1人だけで、Bは男性と
すでにわかっています。
→**Y社に参加したCは女性とわかります。**

残るD、Eのうち1人が男性です。

Y社とZ社に参加した男性は1人だけで、どちらも男性のBが参加しています。他の参加者は女性のはずです。

Eは3社に参加しているので、少なくともY社かZ社の一方に参加しているはずです。

→つまり、**Eは女性とわかります。**

ここに注目！

ここに気付けるかがポイントです！

正解　5　**正解！**

本番ではここで終わりですが、ここでは最後まで表を埋めておきましょう。

残るDが男性とわかります。
W社に参加したもう1人の男性がDとわかります。
EはY社とZ社に参加したことになります。
DはY社、Z社に不参加なので、4人が参加したZ社にはAとCが参加したことがわかります。

ちょっとヒトコト ここでは性別を表の中に書き入れましたが、実際には、左横に書き添えるだけでかまいません。

つまずきポイント！

表は完全には埋まらない場合があります。
無理にすべて埋めようとして、時間をロスしないように。

	性別	W	X	Y	Z	計
A	女	×	○		○	
B	男	○	○	○	○	4
C	女	×	×	○	○	2
D	男	○	×	×	×	1
E	女	×	○	○	○	3
計			2	3	4	

ひっかけ選択肢！

選択肢2「Y社の説明会に参加したのは3人だった」は正しいとも間違っているとも不明なままです。
問いは「確実にいえるのはどれか」なので、こういう選択肢は×ということです。
このような選択肢はよくあるので注意してください。

おさらい

😆 勝者の解き方！

```
┌─────────────────────────────────┐
│  2項目の対応関係の問題と気づく  │
└─────────────────────────────────┘
              ↓
┌─────────────────────┐      ┌──────────────────────────┐
│   条件をメモ化する  │ ←─── │ 2項目にさらに別の条件も追 │
└─────────────────────┘      │ 加されていることに注目する │
              ↓              └──────────────────────────┘
┌─────────────────────┐      ┌──────────────────┐
│    表を作成する     │ ←─── │ 2項目で作成する  │
└─────────────────────┘      │ 性別は別に書き加える │
              ↓              └──────────────────┘
┌─────────────────────────────────┐
│      条件を書き入れていく       │
└─────────────────────────────────┘
              ↓
┌─────────────────────────────────┐
│ 性別の情報に注意しながら、表を  │
│ 埋めていき、性別も書き加えていく │
└─────────────────────────────────┘
              ↓
┌─────────────────────────────────┐   ┌──────────────────┐
│    埋められるだけ埋めたら       │ ←─ │ 確定できない部分が │
│    選択肢の検討に進む           │    │   あっても、       │
└─────────────────────────────────┘   │  こだわりすぎない │
              ↓                        └──────────────────┘
┌─────────────────────┐
│    選択肢の検討     │
└─────────────────────┘
              ↓
┌─────────────────────┐
│       正解！        │
└─────────────────────┘
```

敗者の落とし穴！

- 各社の発言と A 〜 D の発言があるので、普通の対応関係ではないと思い込む。
- 性別の条件があるので、対応表の書き方に戸惑う。
- 性別の情報を整理できず、対応表が埋まらない。
- 3 社に参加した E は男性ではないことに気づけない。
- D と E のどちらが男性かわからず、行き詰まる。
- A が Y 社に参加したかどうかにこだわり、時間をロスする。

重要問題 3　同メンバー間での対応関係

　A〜Fの6人が、それぞれプレゼントを1つずつ持ち寄って交換した。これについて次のことが分かっているとき、正しくいえるのはどれか。

・A〜Fはいずれもプレゼントを1つずつ他の人からもらい、もらった相手にプレゼントを渡すことはなかった。
・AはEにプレゼントを渡した。
・BはCにプレゼントを渡した。
・Cがプレゼントを渡した相手は、Dではなかった。
・Eがプレゼントを渡した相手は、DでもFでもなかった。

1　CはAにプレゼントを渡した。
2　DはEにプレゼントを渡した。
3　Dがプレゼントを渡した相手は、Bにプレゼントを渡した。
4　Eがプレゼントを渡した相手は、Fにプレゼントを渡した。
5　Fがプレゼントを渡した相手は、Aにプレゼントを渡した。

（地方上級　2019年度）

この設問は 👉 対応表でも解けますが、「グラフ」を使う解法も。

 ## 解くための下ごしらえ

文章題と条件をメモの形にしましょう。

> A〜Fは1つずつもらう
> もらった相手に渡してない
> A → E
> B → C
> C → Dでない
> E → D、Fでない

目のつけ所！

誰が誰に渡したという情報がある程度、明らか
なので、こういうときは「グラフ」を使って解
きます。

「A → E」のように、プレゼントを渡した関係
を矢印で表します。

全員が1つ渡して、1つをもらっています。

つまり、**A 〜 F からは矢印が1本ずつ出て、1
本ずつ入ります。**

自分がもらった相手に渡していません。

⇄ となることはないということです。

同メンバー間での対応関係の設問
は、「対応表」による解法と、「グ
ラフ」による解法の両方が使える
ことが多いのですが、本問のよう
に、誰が誰に渡したという情報が
ある程度、明らかな場合は、グラ
フのほうが条件を視覚化できます
ので、早く解ける場合が多いです。

ここに注目！

これにちゃんと気づくことが
大切です！

最短で解く方法

「グラフ」という図を描きます。
まずは、A 〜 F を六角形の頂点の位置に配置
します。

```
        A
   B         F

   C         E
        D
```

ここに、条件からわかることを書き入れます。

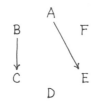

A → E
B → C

この２つはそのまま書き入れられますね。

C → D でない
E → D、F でない

D に渡したのは、A、B、C、E ではないということです。

なので、**F** に決まります。

ちょっと
ヒトコト
A → E、B → C がすでにわかっているので、A も B も D には渡していません。そして、C でも E でもないわけです。

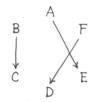

E → D、F でない

E が渡したのは、A、B、C のいずれかということになりますが、A、C には渡せません。

なので、**B** に決まります。

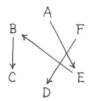

この時点で、矢印が出てない人と入ってない人を書き上げます。

出てない（渡してない）　　**C、D**
入ってない（もらってない）　**A、F**

D は F からもらっていますから、F には渡せません。他にもらっていないのは A だけですから、

なんでこうなるの？
E は A からもらっているので、A には渡していません。もらった相手には渡していないことがわかっているからです。
C は B からもらっています。もらうのは１つずつなので、他の人からはもらっていません。

これがコツ！
グラフを描くだけでなく、こうやって書きだして整理することも、また大切です！
いったん図を描くと、図のみで考えようとしてしまいがちですが、必要に応じて図とメモの両方を使いましょう。

Dが渡したのはAとわかります。

そうすると、残るのはCとFですから、**Cは
Fに渡した**とわかります。

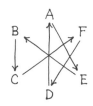

すべての受け渡しがわかりました。

これをもとに選択肢を検討すると、Fが渡した
のはDで、そのDはAに渡していますから、
選択肢5が正解です。

正解　5　

別解

「**対応表**」を使って解くこともできます。

A～F（渡した人）と、A～F（もらった人）で、
対応表を作成します（どちらを縦軸にするか横
軸にするかは自由ですが、ちゃんと決めておき
ましょう）。

自分にプレゼントは渡しませんので、対角線を
引いておきます。

まず、条件を書き入れます（赤色）。

渡したのも、もらったのも1人ずつですから、
タテ、ヨコいずれも○は1つずつです。

○が1つ入ったら、同じ列や行には×を入れま
しょう（黒色）。

	A	B	C	D	E	F
A		×	×	×	○	×
B	×		○	×	×	×
C				×	×	
D			×		×	
E			×			×
F			×		×	

表を見ると、Dのタテの列はFのところ以外、すべて×になっていますから、**Fが渡したのはD**とわかります。

ということは、DはFに渡していません（もらった相手には渡していないので）。

また、条件より、AはEに渡しているので、EはAに渡していません。同じく、BはCに渡しているので、CはBに渡していません。

それぞれ×を入れます（赤色）。

	A	B	C	D	E	F
A		×	×	×	○	×
B	×		○	×	×	×
C		×			×	
D			×		×	×
E	×		×			×
F	×	×	×	○	×	

これより、EはBに渡しており、FはCからもらっていることがわかり、残るDはAに渡しているとわかります。

	A	B	C	D	E	F
A		×	×	×	○	×
B	×		○	×	×	×
C	×	×			×	○
D	○	×	×		×	×
E	×	○	×	×		×
F	×	×	×	○	×	

これで表が完成します。

おさらい

😄 **勝者の解き方！**

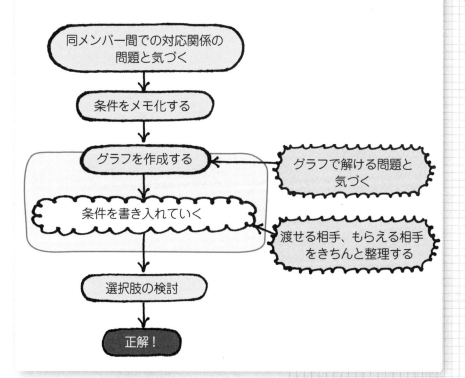

同メンバー間での対応関係の問題と気づく

↓

条件をメモ化する

↓

グラフを作成する ← グラフで解ける問題と気づく

↓

条件を書き入れていく ← 渡せる相手、もらえる相手をきちんと整理する

↓

選択肢の検討

↓

正解！

🔳 **敗者の落とし穴！**

◔ グラフと対応表のどちらで解くか迷って、時間をロスする。

◔ 渡した相手からはもらっていないという条件を見落とし、行き詰まる。

◔ 全員から1本ずつ矢印が出て、1本ずつ矢印が入ることに気づかず、グラフを完成させられない。

白色と茶色のお土産の饅頭が6個ずつ計12個あり、白色と茶色のいずれにも、あずき入り、クリーム入り、チョコ入りの餡が2個ずつあった。A〜Eの5人が2個ずつ食べて次のような発言をしているとき、残った2個の饅頭について確実にいえるのはどれか。

　　A：「別々の色の饅頭を食べたところ、その一つはチョコ餡であった。」
　　B：「別々の色の饅頭を食べたところ、その一つはチョコ餡で、もう一つの
　　　　中身はAとは違っていた。」
　　C：「白色の饅頭を二つ食べたところ、中身の組合せがAと一致しており、
　　　　その一つはクリーム餡であった。」
　　D：「茶色の饅頭を二つ食べたところ、中身の組合せがBと一致していた。」
　　E：「別々の色の饅頭を食べたところ、中身も別々で、白色の饅頭はAが
　　　　食べた茶色の饅頭と中身が一致していた。」

　1　白色であずき餡と白色でクリーム餡
　2　茶色でクリーム餡と茶色でチョコ餡
　3　白色であずき餡と茶色でクリーム餡
　4　白色でクリーム餡と茶色であずき餡
　5　白色でチョコ餡と茶色であずき餡

（国家Ⅱ種　2008年度）

この設問は 🖙 **普通の表では条件を整理しにくい問題です。**

解くための下ごしらえ

文章のままではわかりにくいので、ひと目でわかる簡単なメモにしておきましょう。

また、情報を整理できるときには、なるべくしておきましょう。

```
白 茶　各6計12
あ ク チ　各2
A〜E　5人　各2

A　白 茶 チ　?
B　白 茶 チ　Aと違う
C　白2　 チク（Aと同じ）
D　茶2　 チ　Bと同じ
E　白 茶　白の餡＝Aの茶の餡　茶の餡?
```

 目のつけ所！

あずき、クリーム、チョコの餡の饅頭は、それぞれ4個ということになります。

それぞれの総数をちゃんと確認しておくことがとても大切です！

なんでこうなるの？

白色と茶色の2種類の饅頭に、それぞれあずき、クリーム、チョコの餡のものが2個ずつです。

餡を基準に考えると、あずき、クリーム、チョコ、それぞれ4個ずつということになります。

最短で解く方法

下ごしらえでメモにした条件ですが、このままではわかりにくいので、さらにわかりやすく整理してみましょう。

	色	餡	色	餡
A	別々	チョコ	別々	Bと異なる
B	別々	チョコ	別々	Aと異なる
C	白	Aと一致(クリーム)	白	Aと一致(クリーム)
D	茶	Bと一致	茶	Bと一致
E	白	Aの茶と一致	茶	白と別

Cの発言より、**AとCの食べた餡はチョコとクリーム**とわかります。

Bの「Aと異なる」餡は、あずきとわかります。

Dは「Bと一致」なので、**Dもチョコとあずきの組合せ**とわかります。

	色	餡	色	餡
A	別々	チョコ	別々	クリーム
B	別々	チョコ	別々	あずき
C	白	チョコ	白	クリーム
D	茶	チョコ	茶	あずき
E	白	Aの茶と一致	茶	白と別

ここで、**チョコが4個、すべて判明します。**

ちょっとヒトコト「目のつけ所」で確認したように、「あずき、クリーム、チョコの餡の饅頭は、それぞれ4個」です。

3

もうチョコはないので、**Eはクリームとあずきの組合せ**とわかります。
Aと一致しているのはクリームということになります。
とすると、**Eの白がクリームで、Aの茶がクリーム**と確定します。
そうすると、**Eの茶はあずきで、Aのチョコは白**ということもわかります。

Aのチョコが白ということは、**Bのチョコは茶**ということになります。
ならば、**Bのあずきは白**です。

なんでこうなるの？
チョコは、白2個、茶2個です。
Aのチョコが白なら、Cの白もチョコなので、これでもう白のチョコは2個です。
なので、Bのチョコは茶とわかります。

	色	餡	色	餡
A	白	チョコ	茶	クリーム
B	茶	チョコ	白	あずき
C	白	チョコ	白	クリーム
D	茶	チョコ	茶	あずき
E	白	クリーム	茶	あずき

これで5人が食べた饅頭がすべてわかりました。
残っているのは、白のあずきと、茶のクリームです。

正解3  **正解！**

● おさらい ●

😆 **勝者の解き方！**

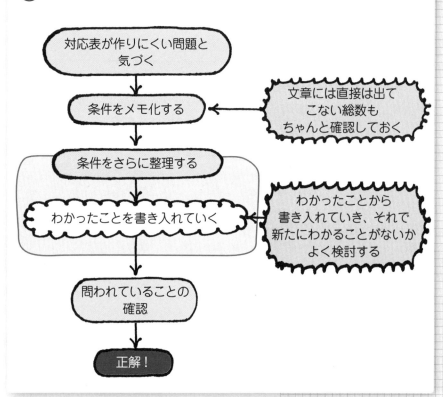

😵 敗者の落とし穴！

🔹 Ａ〜Ｅと饅頭の色や中身で対応表を書いて、作業が思うように進まない。

🔹 情報をうまく整理できない。

🔹 饅頭の色や餡の中身の総数をちゃんと確認していなくて、チョコ餡が4
個出てきたら、もう他には残っていない、ということに気づけない。

4

命題と論理

★★★★☆

必勝ツールをマスターせよ！

容疑者A　容疑者B　容疑者C

動機を持つ人と
凶器を用意した人と
実行犯が、別々
だったんですね！

論理的に考えて…

密室の中で殺人を行ったのはA

Aに拳銃を渡したのはCで

そもそも殺人を依頼したのはB！
あなたですね！！

探偵は推理が命

§4 命題と論理

判断推理のトップバッター！

　昔から多くの試験で判断推理の第1問目に出題されています。近年ではあまり出題されない時期もありましたが、**ここ最近では、国家総合職、一般職、専門職では、ほぼ毎年「No.12」のポジションで出題されています**。また、**地方上級、警視庁、東京消防庁、裁判所などでも頻出**で、やはり、トップバッターで出題されることが多いです。

「論理式」で解ける問題が大半！

　出題の傾向としては、**「論理式」で解ける問題が大半を占めます**。特に、ここ数年は難易度の低い問題が多く、基本的な解法を理解していれば、短い時間でほとんど正解できます。**絶対に落としてはいけない問題が多い**ということです。

　もちろん、中にはやや手ごわいものもあり、少し考えさせる問題や、ベン図を利用するなど、論理式以外の方法で解く問題もありますが、それほど多くはありません。

おさえておくべき 重要問題 の紹介

重要問題 1 **論理式** ✷✷✷✷✷ ☞ P106
➡ 論理の問題はほとんどが論理式で解く問題！

重要問題 2 **論理式＋思考力** ✷✷✷✷✷✷ ☞ P113
➡ 論理式に表して、少し考える問題です

重要問題 3 **ベン図** ✷✷✷ ☞ P119
➡ ベン図に表して解く問題です！

ここがポイント！ **論理式に表せる命題と判断したら、すかさず論理式を書くこと！**

もし、論理式で機械的に解けない場合は、違う角度から見直すことが大事です。
多少変わっている問題に見えても、近年の論理の問題は決して難しくなく、得点源になります。逆に言うと、落とすと痛い問題が多いです。

これだけは知っておきたい基礎知識

- ➡ 論理式・ベン図の書き方
- ➡ ド・モルガンの法則
- ➡ 対偶（逆、裏）
- ➡ 三段論法
- ➡ 命題の分解

➡ 論理式・ベン図の書き方

　出題の多くは論理式ですから、まずこれをしっかりマスターすることが何より大切です！

例題 1

命題とは何か？

　一度は習ったことがあると思いますが、意外と忘れているのでは？
「論理」の世界で「命題」と言うとき、それは、

ココだけ！

　　　　　命題とは？　＝　真偽が判定できる主張のこと

　命題のポイントは、**必ず真か偽、2つのどちらかである**ということです。
「A である」という命題が偽なら、「A ではない」が真になります。

　**日常生活の多くのことでは、こうはいきませんね。正しいとも間違っている
とも言えないことがたくさんあります。**
　たとえば、「あなたのことが好き」が偽だとしたら、「あなたのことが好きで
はない」が真とは限りません。「好きではない」とはまでは言えない、「好きで

も嫌いでもない」という中間くらいの気持ちかもしれません。曖昧ですし、真と偽のどちらかなんてことはなく、**中間がたくさんあります。**

　また、「この人は美しい」というのは、ある人は美しいと思い、別の人は美しくないと思うかもしれません。真偽の判定はできません。

　わざわざ「命題」という言い方をするのは、「そういうごちゃごちゃは抜きにします」ということです。真と偽の2つだけで、中間はないのです。

　ようするに、「命題」と言われたら、「真と偽の2つしかないということだな」と思えばいいのです。

　命題は、日常生活より、ずっとハッキリして、わかりやすいのです。

　それなのに、「命題」や「論理」をなんとなくわかりにくく感じてしまうのは、物理の「空気抵抗はないものとする」などの条件と同じで、なんとなく日常の感覚とちがっているからです。

　でも、ちがっている分、曖昧でなくなって、ハッキリして、単純になっているんです。

　わかりにくいというのはあくまで感覚的なものですから、ぜひ苦手意識を持たないようにしてください。

「A ならば B」という命題を論理式で表すと？

「論理式」という言葉をこれまでも使ってきました。なんだか難しい響きの言葉ですが、ようするに、**「A ならば B」というような命題を、記号を使った式で表したもの**ということです。

たとえば、「1 たす 1 は 2」という文章は、数式では「1 + 1 = 2」で表されますね。もし「＋」や「＝」という記号を知らなければ、これだってずいぶん難解に見えるはずです。

論理式も同じことで、記号になじむまでは難解に見えますが、実際にはただ記号で表しているというだけです。

数式を使うと計算が便利になるように、論理式を使うと論理的に考えるのに便利なのです。

ココだけ！

「A ならば B」という命題を論理式で表すと　**A → B**

矢印は日頃から「ならば」的な意味でも使うので、これはわかりやすいですね。

「A ならば B」という命題をベン図で表すと？

今度はベン図で表してみましょう。

AならばB

「AならばB」とは、「すべてのAは必ずB」ということなので、ベン図で描くと、このようにBにAが含まれる形になります。

　具体例で言うと、たとえばAが犬で、Bが動物だと、「犬ならば動物」ということで、犬は動物に含まれます。すべての犬は動物で、動物でない犬はいません。

例題4

「A ではない」という命題を論理式で表すと？

「A ではない」という命題を論理式で表すと　　$\overline{A}$

　Aの否定が$\overline{A}$です。では、$\overline{A}$の否定は？
　それは A です。否定の否定はもとに戻るのです。
　命題には真と偽の2つしかないので、真の否定は偽、偽の否定は真になります。

例題5

「A ならば B でない」という命題を論理式で表すと？

　今までに出てきたことの組合せですね。
　$A \rightarrow \overline{B}$
となります。ちゃんとできましたか？

例題 6

「AならばBではない」という命題をベン図で表すと？

今度はベン図で表してみましょう。

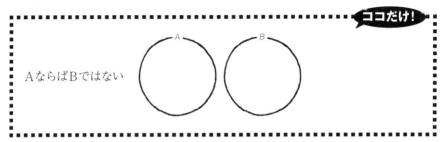

「AならばBではない」とは、「すべてのAは必ずBではない」ということなので、ベン図で描くと、このようにAとBは重ならない形になります。

具体例で言うと、たとえばAが犬で、Bが猫だと、「犬ならば猫ではない」ということで、犬であり猫でもあるということはありえません。

「A または B」と「A かつ B」を論理式とベン図で表すと？

ココだけ！

A または B
A ∨ B

A かつ B
A ∧ B

たとえば、A が「犬好きな人」で、B が「猫好きな人」なら、

A ∨ B（A または B）は、犬好きな人も、猫好きな人も、犬も猫も好きな人もすべて含みます。

A ∧ B（A かつ B）は、犬も猫も好きな人だけで、他は含みません。

上の「A かつ B」のベン図で、斜線部の領域に要素が存在する場合（上の例だと「犬も猫も好きな人」が存在する場合）、「ある A は B である」また「ある B は A である」という言い方ができます。

上の例だと、「ある犬好きな人で、猫好きな人が存在する」「ある猫好きな人で、犬好きな人が存在する」と言えるわけです。

逆に言うと、「ある犬好きな人で、猫好きな人が存在する」または「ある猫好きな人で、犬好きな人が存在する」ということがわかったら、上の「A かつ B」のベン図の斜線部の領域に要素が存在するということです。

✏️➡ ド・モルガンの法則

「A または B」と「A かつ B」の補集合を、論理式とベン図で表すと？

「補集合」というのは、**その部分を取り除いた、残りのすべて**ということです。

　つまり、「A または B」の補集合は、全体から「A または B」を取り除いた、残りのすべてということです。

「A かつ B」の補集合は、全体から「A かつ B」を取り除いた、残りのすべてということです。

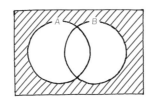

　　A ∨ B（A または B）の補集合
　　$\overline{A \lor B}$（「A または B」ではない）
　　$\overline{A} \land \overline{B}$（「A ではない」かつ「B でない」）

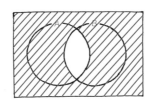

　　A ∧ B（A かつ B）の補集合
　　$\overline{A \land B}$（「A かつ B」ではない）
　　$\overline{A} \lor \overline{B}$（「A ではない」または「B でない」）

　それぞれ 2 種類の表し方ができます。

　つまり、

$$\overline{A \lor B} = \overline{A} \land \overline{B}$$

「AまたはB」ではない＝「Aではない」かつ「Bでない」

$$\overline{A \land B} = \overline{A} \lor \overline{B}$$

「AかつB」ではない＝「Aではない」または「Bでない」

これが「ド・モルガンの法則」です。

「または」を否定すると「かつ」になる
「かつ」を否定すると「または」になる
　と覚えるといいでしょう。

「または」が「かつ」に変わり、「かつ」が「または」に変わるところがポイントです。

こういう変換ができると、いろいろと便利なんです。

対偶（逆、裏）

例題9

A→B（AならばB）の対偶は？

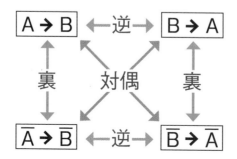

A→B（AならばB）に対して、B→A（BならばA）を「逆」と呼びます。
まさに逆になっているので、これはわかりやすいですね。
「逆はまた真ならず」という言葉がありますが、A→Bが正しい命題だとしても、
逆のB→Aが正しいとは限りません。
　たとえば、「イケメンならば男」は真ですが、「男ならばイケメン」は真では
ありません。イケメンではない男もたくさんいます。

　A→B（AならばB）に対して、$\overline{A} \to \overline{B}$（AでないならばBでない）を「裏」
と呼びます。両方を否定した形です。
　これも「逆」と同じで、A→Bが正しい命題だとしても、**裏の$\overline{A} \to \overline{B}$が正し
いとは限りません。**
「イケメンならば男」が真でも、「イケメンでなければ男ではない」は正しくあ
りません。とんでもないことです！

　A→B（AならばB）に対して、$\overline{B} \to \overline{A}$（BでないならばAでない）を「対偶」
と呼びます。
　逆になって、さらに裏になっているのが、「対偶」です。
「逆」や「裏」とはちがって、A→Bが正しい命題なら、**対偶の$\overline{B} \to \overline{A}$も必ず
真です。**
「イケメンならば男」が真なら、「男でなければ、イケメンではない」も真です。
イケメンは男性に対してのみ用いる言葉ですから。

```
ココだけ！

命題が真であるなら、その対偶は必ず真である

A→B（AならばB）が真ならば、
B→A（BでないならばAでない）も真
```

　この「対偶」はとても重要です！　最重要事項の１つです！
「対偶は真」ということは必ず頭に入れておきましょう！

見事な怠けっぷりね…

三段論法

三段論法は論理の基本です。

三段論法

① **A → B**（A ならば B）

② **B → C**（B ならば C）

　が成り立つとき、

③ **A → C**（A ならば C）

　が成り立つ。

ABC の順番に注意してください。

A → B　B → C

A → B → C

A → C

ということです。

なので、たとえば、

A→B　A→C

のとき、

B→Cとは言えません。

このちがいに注意してください。

シンプルで、単純です。でも、これでなかなか奥が深いですし、ちゃんと使いこなすのは大変です。

たとえば、

「クジラは、ほ乳類」

「ほ乳類は、母乳で子供を育てる」

　が成り立つとき、

「クジラは、母乳で子供を育てる」

　が成り立ちます。

　もしクジラが母乳で子供を育てるかどうかを知らなくても、「クジラは、ほ乳類」「ほ乳類は、母乳で子供を育てる」ということがわかっていれば、

「クジラは、母乳で子供を育てる」ということがわかるのです。

✏️ 命題の分解

1つの命題を、2つに分割できる場合があります。

> ① A → B ∧ C ＝ A → B、A → C
> ② A → B ∨ C という命題は分解できない。
> ③ A ∨ B → C ＝ A → C、B → C
> ④ A ∧ B → C という命題は分解できない。

例をあげて、具体的に確認してみましょう。

分解できるかどうかわからなくなったときには、こういう簡単な具体例で考えると、すぐにわかります。

① A → B ∧ C ＝ A → B、A → C

「部長は、甘いものが好きで、かつ、お酒も好きだ」
　＝「部長は甘いものが好きだ」「部長はお酒が好きだ」
　成り立ちますね。部長はどちらも好きなのですから。

② A → B ∨ C という命題は分解できない。

「部長は、甘いものが好きか、または、お酒が好きだ」
　＝「部長は甘いものが好きだ」「部長はお酒が好きだ」
　これは成り立ちませんね。部長は、甘いものか、お酒の、どちらか一方しか好きでない場合もありうるからです。

③ A ∨ B → C ＝ A → C、B → C

「実力か、または、コネがあれば、入社できる」
　＝「実力があれば入社できる」「コネがあれば入社できる」
　成り立ちますね。どちらか一方でもあればいいのですから。

④ A ∧ B → C という命題は分解できない。

「実力があって、かつ、コネがあれば、入社できる」
　＝「実力があれば入社できる」「コネがあれば入社できる」
　これは成り立ちませんね。実力もコネも両方が必要だからです。

・・・・・

あるサッカーチームに所属する選手について、次のア〜ウのことが分かっている。

ア　シュートが得意な選手は、ドリブルが得意である。

イ　パスが得意な選手は、ヘディングが不得意である。

ウ　ドリブルが得意な選手は、パスが得意であり、かつ、トラップが不得意である。

以上から判断して、確実にいえるのはどれか。

1　シュートが不得意な選手は、パスが不得意であり、かつ、トラップが得意である。

2　ドリブルが不得意な選手は、シュートが得意である。

3　パスが不得意な選手は、シュートが不得意であり、かつ、ドリブルが不得意である。

4　ヘディングが得意な選手は、ドリブルが得意である。

5　トラップが得意な選手は、ヘディングが不得意である。

(東京都 I 類 A　2012 年度)

この設問は 🖙 **論理の問題は、ほとんどが論理式で解く問題です！**

  解くための下ごしらえ

ア〜ウの条件はすべて、「○○は××である」「○○かつ××である」などとなっていて、論理式で表すことができそうです。

やってみましょう。

ア　シュート→ドリブル
イ　パス→ヘディング‾
ウ　ドリブル→パス∧トラップ‾

ウは分解しておきます
ウ①　ドリブル→パス
ウ②　ドリブル→トラップ‾

目のつけ所！

**ア～ウの条件の中に、同じ要素が出てこないか
さがしましょう。**

アとウには同じ「ドリブル」があります。
また、イとウも同じ「パス」があります。
その同じ要素で、条件を合体させます。

法則！

論理式の書き方ですが、
AならばBは、A→B
AかつBは、A∧B
と表すんでしたね。

ここに注目！

不得意を否定として、
ヘディング‾
というふうに表します。
なお、条件に「まあまあ得意」
とか「少し苦手」とか曖昧な
表現や段階がなく、「得意」と
「不得意」の２つしかないこと
に注目しましょう。
真と偽のみの命題になってい
るということです。つまり、
論理式の問題ということです。

法則！

①A→B∧C＝A→B、A→C
のパターンなので、分解でき
ますね。

これがコツ！

分解できるときは、しておき
ましょう。

最短で解く方法

アとウに「**ドリブル**」、イとウに「**パス**」が出てくるので、そこを重ねて、論理式を1つにつなげます。━━━

まず、
ア　シュート→ドリブル
ウ①　ドリブル→パス
をつなげると、

シュート→ドリブル→パス

パスにはさらに、
イ　パス→$\overline{\text{ヘディング}}$
がつながります。

シュート→ドリブル→パス→$\overline{\text{ヘディング}}$

ドリブルにはさらに、
ウ②　ドリブル→$\overline{\text{トラップ}}$
がつながりますが、
横には矢印を引けないので、こういうときは下や上に引きます。

シュート→ドリブル→パス→$\overline{\text{ヘディング}}$
　　　　　↓
　　　　$\overline{\text{トラップ}}$

これで条件をすべて1つの論理式として視覚化

これがコツ！
条件を視覚的にわかりやすくするのです。

ここに注目！
ウは分解しないと、組み合わせられません。
こういうところで、「命題の分解」が生きるわけです。

することができました。
ここまでやったら、
選択肢を検討していきましょう。

と、その前に、この図からどういうことが言えるのかを、おさらいしておきましょう。
たとえば、
シュート→$\overline{\text{ヘディング}}$「シュートが得意なら、ヘディングが不得意」
ということが言えます。————

同じことで、
シュート→$\overline{\text{トラップ}}$「シュートが得意なら、トラップが不得意」
ということも言えます。————

それだけではありません！
ここからが肝心ですが、**「対偶」を考えないといけません。**
たとえば、
シュート→ドリブル
が真なら、その**対偶**の
$\overline{\text{ドリブル}}$→$\overline{\text{シュート}}$
も真です。————

シュート→$\overline{\text{ヘディング}}$
が真ですから、
ヘディング→$\overline{\text{シュート}}$
も真です。
すべての組合せについて、その対偶も成り立つことを忘れてはいけません。

なんでこうなるの？
シュート→ドリブル→パス→$\overline{\text{ヘディング}}$
なので、シュートが得意ならドリブルが得意で、ドリブルが得意ならパスが得意で、パスが得意ならヘディングが不得意だからです。
つまり、シュートが得意なら、ヘディングは不得意ということになります。

なんでこうなるの？
シュート→ドリブル
↓
$\overline{\text{トラップ}}$
なので、
シュートが得意ならドリブルが得意で、ドリブルが得意ならトラップが苦手だからです。
つまり、シュートが得意なら、トラップが不得意ということになります。

法則！

A→B（AならばB）が真ならば、$\overline{\text{B}}$→$\overline{\text{A}}$（BでないならばAでない）も真でしたね。
「対偶」は、順番を逆にして、両方否定する、と覚えるといいでしょう。

それでは、今度こそ、選択肢を検討していきましょう。

1　シュートが不得意な選手は、パスが不得意であり、かつ、トラップが得意である。

シュートはいちばん最初の位置にあります。

シュートが不得意な場合を考えるには、対偶をとるしかありませんが、そうすると、○○→$\overline{シュート}$という形で、シュートは後ろにくることになります。$\overline{シュート}$→○○という形にはなりません。

つまり、この選択肢は確実に言えることではありません。×。

2　ドリブルが不得意な選手は、シュートが得意である。

わかっているのは、シュート→ドリブルということで、そこから$\overline{ドリブル}$→シュートは導き出せません。対偶は、$\overline{ドリブル}$→$\overline{シュート}$です。×。

3　パスが不得意な選手は、シュートが不得意であり、かつ、ドリブルが不得意である。

論理式で表すと、$\overline{パス}$→$\overline{シュート}$∧$\overline{ドリブル}$ですね。

これは分解すると、$\overline{パス}$→$\overline{シュート}$、$\overline{パス}$→$\overline{ドリブル}$なので、この2つが成り立てばいいわけです。

 法則！

①A → B ∧ C　＝A → B、
A → C
のパターンなので、分解できますね。

シュート→パスが成り立つので、その対偶は、$\overline{パス}$→$\overline{シュート}$です。

ドリブル→パスが成り立つので、その対偶は、$\overline{パス}$→$\overline{ドリブル}$です。

したがって、これは確実に言えます。○。

つまずきポイント！

論理式を組み合わせても、そこに書いてあることがそのまま正解になることはありません！

この正解の選択肢の場合も、命題の分解と、対偶の知識が必要とされます。

たいていはそうなっています。論理式を書けて、命題を分解できて、対偶の知識がないと、この設問は正解できないのです。そういうものだということを知っておきましょう。

4　ヘディングが得意な選手は、ドリブルが得意である。

ヘディング→ドリブルは、導けません。×。

5　トラップが得意な選手は、ヘディングが不得意である。

トラップ→ヘディングは、導けません。×。

正解　3　**正解！**

裏ワザで解く！

このように条件を論理式で表せる問題では、必ず「対偶」をとります。

なので、最初からもう条件の対偶を考えてしまってもいいでしょう。

ア～ウの条件の対偶をとると、

アの対偶　**ドリブルが不得意な人はシュートが不得意**

イの対偶　**ヘディングが得意な人はパスが不得意**

ウの対偶　**トラップが得意またはパスが不得意な人はドリブルが不得意**

となり、アの対偶とウの対偶をあわせて、

3が正解とわかります。

おさらい

😄 **勝者の解き方！**

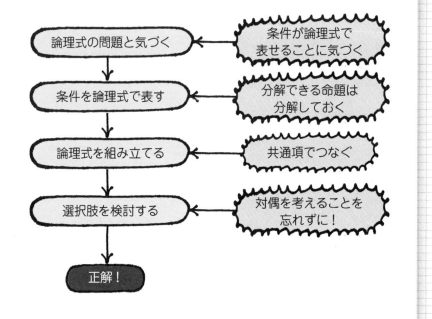

論理式の問題と気づく ← 条件が論理式で表せることに気づく

条件を論理式で表す ← 分解できる命題は分解しておく

論理式を組み立てる ← 共通項でつなぐ

選択肢を検討する ← 対偶を考えることを忘れずに！

正解！

😵 **敗者の落とし穴！**

🔥 論理式を知らず、理屈で考えて行き詰まる。

🔥 命題を分解できず、論理式がつながらない。

🔥 選択肢を検討するとき、対偶を考えず、正解がわからない。

重要問題 2　論理式＋思考力　●★★★★★

パソコン教室、英会話スクール、スポーツジムの中から通いたいものを選択するアンケートを行った。回答結果から次のア～ウのことがわかっているとき、確実にいえることとして、最も妥当なのはどれか。ただし、回答者は複数選択することができ、1つも選択しないこともできるものとする。

　ア　パソコン教室を選択した人は英会話スクールを選択しなかった。
　イ　英会話スクールを選択した人はスポーツジムを選択しなかった。
　ウ　英会話スクールを選択しなかった人は、パソコン教室かスポーツジムの少なくとも一方を選択しなかった。

1　1つも選択しない人はいなかった。
2　パソコン教室、英会話スクール、スポーツジムの3つすべてを選択した人がいた。
3　複数選択した人はいなかった。
4　英会話スクールを選択しなかった人は、必ずパソコン教室を選択した。
5　スポーツジムを選択した人は、必ずパソコン教室を選択した。

（東京消防庁　2016 年度）

この設問は 🖙 論理式に表して、少し考える問題です。

 解くための下ごしらえ 🥄

ア～ウはいずれも論理式で表せそうです。条件ウが少しやっかいかもしれませんが、まずは論理式にしてみましょう。

> ア　ＰＣ→英
> イ　英→ジム
> ウ　英→ＰＣ∨ジム

法則！

この章の「これだけは知っておきたい基礎知識」のところをあらためてよく見てみてください。
なお、ウの「少なくとも一方を」は、「どちらか一方だけか、両方とも」ということで、「AまたはB」ということです。

目のつけ所！

ア～ウに共通して出てくるのは「英会話スクール」です。

そこに着目して、3つの論理式を1つに合体させましょう。

最短で解く方法

ア　ＰＣ→$\overline{英}$
イ　英→$\overline{ジム}$
ウ　$\overline{英}$→$\overline{ＰＣ∨ジム}$

この3つの論理式を1つに合体させましょう。
3つともに出てくる要素に注目します。
それは「英」です。
ただ、イだけは「英」で、他は「英」です。
イも「英」に統一しましょう。

イ　$\overline{英}$←ジム ────────

$\overline{英}$を中心にまとめて

$$ＰＣ→\overline{英}←ジム$$
$$↓$$
$$\overline{ＰＣ∨ジム}$$

法則！

イ　英→$\overline{ジム}$
の対偶です。
元の命題が真なら対偶も必ず真です。
ですから、論理式を変形させるときの基本は対偶です。
詳しくはこの章の「これだけは知っておきたい基礎知識」のところをあらためてよく見てください。

ここで、じっくり考えると、ＰＣ→$\overline{\text{ジム}}$　ジム→$\overline{\text{ＰＣ}}$がわかります。

この時点で、選択肢2と選択肢5は×とわかります。
「2　パソコン教室、英会話スクール、スポーツジムの3つすべてを選択した人がいた」
「5　スポーツジムを選択した人は、必ずパソコン教室を選択した」

さらに、上段（ＰＣ→$\overline{\text{英}}$←ジム）の対偶をとります。

$$\overline{\text{ＰＣ}}←英→\overline{\text{ジム}}$$

これで、選択肢3が正解とわかります。
「3　複数選択した人はいなかった」

正解　3　

別解 1

ド・モルガンの法則を使って解くこともできます。

ウ　$\overline{\text{英}}$→$\overline{\text{ＰＣ}}∨\overline{\text{ジム}}$

の$\overline{\text{ＰＣ}∨\text{ジム}}$は、ド・モルガンの法則で、$\overline{\text{ＰＣ}}∧\overline{\text{ジム}}$となります。

なんでこうなるの？
まず「ＰＣ」について考えてみましょう。
ＰＣを選択しているならば、英会話を選択していなくて、英会話を選択していないならば、ＰＣまたはジムを選択していないはず。
ＰＣは選択しているのですから、ジムを選択してないことになります。
「ジム」についても同じことです。

ちょっとヒトコト　という感じで、少し考えないといけません。
機械的に解ける問題も多いのですが、こういう「少し考えてね」って問題が最近目立ちます。

法則！
ド・モルガンの法則については、この章の「これだけは知っておきたい基礎知識」で説明してあります。

ウ　英→$\overline{\text{PC∧ジム}}$

これで対偶をとることができます。

PC∧ジム→$\overline{\text{英}}$

これをアとイと合体させます（アも対偶をとります）。

$$\text{PC∧ジム}→\text{英}→\overline{\text{ジム}}$$
$$\downarrow$$
$$\overline{\text{PC}}$$

ＰＣとジムの両方を選択していたら英会話も選択していることになります。つまり、3つ全部です。
ところが、その人はジムもＰＣも選択してない！　おかしい！
つまり、**ＰＣ∧ジムなんて人はいない**ということです。

別解2

論理式で煮詰まったら、ベン図を書くのもよし！です。
得意なほうで解きましょう。

まず、アとイをベン図にすると、

でも、ウを考えると、ＰＣ∧ジムはいないので、

なんでこうなるの？
ＰＣとジムの両方を選択している人がいたら、「少なくとも一方は選択していない」が成り立ちません。

選択肢3が正解とわかります。

4

おさらい

😄 勝者の解き方！

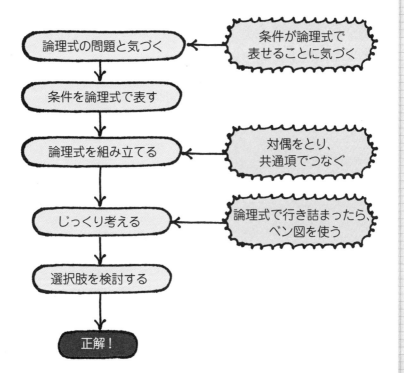

論理式の問題と気づく ← 条件が論理式で表せることに気づく

↓

条件を論理式で表す

↓

論理式を組み立てる ← 対偶をとり、共通項でつなぐ

↓

じっくり考える ← 論理式で行き詰まったら、ベン図を使う

↓

選択肢を検討する

↓

正解！

敗者の落とし穴！

◊ 条件ウを論理式で表せない。

◊ 論理式でまとめたけど、どうしていいかわからない。

◊ ド・モルガンの法則を知らず、条件ウの対偶を間違える。

◊ 論理式でわからなくても、ベン図に表わそうという機転が利かない。

◊ 選択状況は把握できているけど、選択肢が切れない。

　ある幼稚園の園児に、犬、猫、象、ペンギンのそれぞれについて、「好き」又は「好きでない」のいずれであるかを尋ねた。次のことが分かっているとき、確実にいえるのはどれか。

　○犬が好きな園児は、猫が好きでない。
　○象が好きな園児は、ペンギンも好きである。
　○猫が好きな園児の中には、象も好きな園児がいる。
　○象が好きな園児の中には、犬も好きな園児がいる。

1　ペンギンだけが好きな園児がいる。
2　ペンギンが好きな園児は、犬、猫、象のいずれも好きである。
3　犬が好きでない園児は、象も好きでない。
4　犬も猫もどちらも好きでない園児は、象とペンギンのどちらも好きである。
5　犬が好きな園児の中には、ペンギンも好きな園児がいる。

（国家専門職　2019 年度）

この設問は 🖙 **ベン図に表して解く問題です。**

 解くための下ごしらえ

文章題を式や図の形に変えましょう。

> 前半の2つの条件は論理式で表せます。
>
> ○犬が好きな園児は、猫が好きでない。
> 　犬→$\overline{猫}$
>
> ○象が好きな園児は、ペンギンも好きである。
> 　象→ペンギン

後半の2つは論理式では表せませんが、ベン図なら表せます。

つまずきポイント！

最初の条件を論理式が表したからといって、それにこだわる必要はありません。こだわると、そのせいでつまずいてしまいます。
簡単に表せるほうで、まず式や図にしてしまいましょう。
統一が必要なら、後からでもいいのです。

○猫が好きな園児の中には、象も好きな園児がいる。

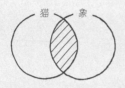

○象が好きな園児の中には、犬も好きな園児がいる。

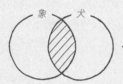

ここに注目！

この赤の斜線の部分には、確実に当てはまる園児がいるということが、この条件によってわかります。斜線以外の領域は、当てはまる園児がいるかいないか、この条件だけではわかりません。たとえば「猫が好きで象が好きでない園児」はいるかいないかわかりません。ここは肝心なところです！存在するとわかったところだけに斜線を引きましょう。

目のつけ所！

後半の条件2つには**象**が共通しています。
猫と犬の関係を確認して、この2つのベン図をまとめてみましょう。

最短で解く方法

すべての条件を、ひとつのベン図にまとめてみましょう。

○犬が好きな園児は、猫が好きでない。
　犬→$\overline{猫}$
犬と猫の両方を好きな人はいないということ

で、ベン図では次のように表せます。
重なり合わないということです。

「これだけは知っておきたい基礎知識」の例題5をご参照ください。

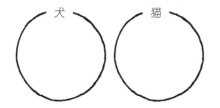

ということは、3つ目と4つ目の条件と合わせて、次のように表せるということです。

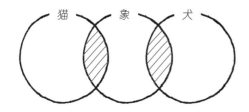

残るは2つ目の条件です。
○象が好きな園児は、ペンギンも好きである。
　　象→ペンギン
これはベン図では、次のように表せます。
重なり合わないということです。

「これだけは知っておきたい基礎知識」の例題3をご参照ください。
含む含まれる関係を逆に勘違いしないように。

これを先の図とひとつに組み合わせると、次の

ようになります。

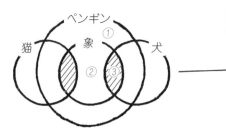

この図を見ながら、選択肢を検討していきましょう。

1 ペンギンだけが好きな園児がいる。
→①（犬も猫も象も好きではなく、ペンギンだけ好き）に該当する園児がいるかは不明です。

2 ペンギンが好きな園児は、犬、猫、象のいずれも好きである。
→犬、猫、象がいずれも好きな園児はいません。

3 犬が好きでない園児は、象も好きでない。
→②（犬が好きでなくて、象が好き）に該当する園児がいる可能性はあります。

4 犬も猫もどちらも好きでない園児は、象とペンギンのどちらも好きである。
→①（犬も猫も好きではなく、象も好きではなくペンギンだけ好き）に該当する園児がいる可能性はあります。

5 犬が好きな園児の中には、ペンギンも好きな園児がいる。
→③（犬と象とペンギンが好き）に該当する園

なんでこうなるの？
なぜ猫や犬を一部分だけ含む描き方をするのか？（猫や犬もまるごと含むとか、描き方はいろいろあります）。

それは、猫が好きでペンギンが好きではない人や、犬が好きでペンギンが好きではない人や、猫とペンギンが好きで象が好きではない人や、犬とペンギンが好きで象が好きではない人もいるかもしれないからです（いないとは書いてないので）。いないことがはっきりしていない以上は、その領域を作っておく必要があります。

ちょっとヒトコト 真偽が不明な選択肢も、間違っている選択肢と同じく、×です。
確実に真と言える選択肢のみが正解です。

ここに注目！
確実に存在するとわかっているのは斜線部の領域のみです。

児は確実にいます。

ちょっと
ヒトコト　先に確認したように、斜線部分には確実に園児が存在するので。

正解 5　 正解！

やってしまいがちな ✗ 解答 ①

最初の条件を見落として、猫、象、犬を交わらせたベン図を描いてしまうのが、意外とありがちです。

ベン図というと、すべて重ね合わせるものという思い込みのせいでしょう。

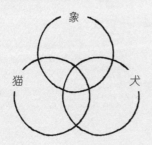

やってしまいがちな ✗ 解答 ②

ペンギンのベン図に、象だけてなく、犬や猫のベン図まで包んでしまう、というミスもありがち。猫が好きでペンギンが好きではない人や、犬が好きでペンギンが好きではない人もいるかもしれないので（いないとは書いてないので）、犬や猫

の円は外にはみ出させておく必要があります。

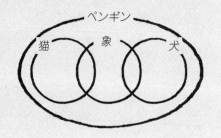

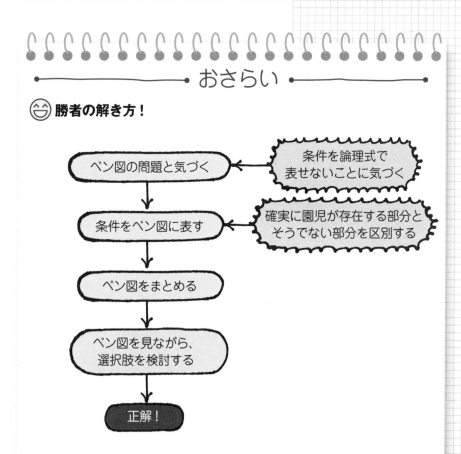

╳╳ 敗者の落とし穴！

◊ すべて論理式で表そうとして混乱する。

◊ ベン図の書き方を知らない。

◊ 4つのベン図をまとめられない。

◊ 園児が確実にいる部分とそうでない部分の区別がつかない。

◊ 園児が確実にいる部分以外には、該当する園児がいないと誤解してしま
　う。

頻出度 × 学習効果

5

軌跡・移動

★★★★

合格への軌跡は見えているか！？

ずっとさぼっていた
軌跡が……

§5 軌跡・移動

「空間把握」の最頻出分野！

判断推理の図形部分を「空間把握」といいます。「軌跡・移動」は文字通り、図形が移動する様子や、そのときの点などの軌跡を考える問題で、空間把握の最頻出分野です。

東京都、特別区の近年は「長さ」「面積」の問題が大多数！

軌跡と言えば、東京都と特別区は毎年最後の問題をこれで締めくくっているのは有名な話です。そこで、次表にまとめてみました。

	東京都Ⅰ類A	東京都Ⅰ類B	特別区Ⅰ類
2021	**軌跡の長さを求める** **軌跡の長さを求める**	**軌跡の長さを求める**	軌跡を選ぶ
2020	軌跡から図形を求める	円の回転	移動後の図形を選ぶ
2019	円の回転 **軌跡の長さを求める**	円の回転 **軌跡の長さを求める (2)**	**軌跡の長さを求める**
2018	回転する時間を求める	**軌跡の面積を求める**	軌跡を選ぶ
2017	**軌跡の長さを求める**	**軌跡の長さを求める**	軌跡を選ぶ
2016	軌跡を選ぶ	**軌跡の長さを求める**	**軌跡の長さを求める**
2015	軌跡を選ぶ	**軌跡の角度を求める**	軌跡を選ぶ
2014	**軌跡の面積を求める**	円の回転 (4)	軌跡から図形を求める (3)
2013	**軌跡の長さを求める**	**軌跡の面積を求める**	**軌跡の長さを求める**
2012	軌跡を選ぶ	**軌跡の長さを求める**	**軌跡の長さを求める**
2011	**軌跡の角度を求める**	**軌跡の長さを求める**	**軌跡の長さを求める**
2010	軌跡を選ぶ (1)	**軌跡の長さを求める**	軌跡を選ぶ

(1) ～ (4) は本書掲載問題

2010 年から 2021 年までの 12 年間で、3 試験合計 39 問のうち 22 問が「軌

跡の長さ、面積または**角度を求める問題**」。びっくりですね。

　空間把握というより計量問題の要素が大きいわけで、純粋な軌跡の問題とは少し違います。他試験でも警視庁などで同様の問題は時々ありますが、全体的には多くはありません。

　東京都や特別区では、軌跡の問題以外でも、空間把握の問題に計量の要素を取り入れたものが時々あります。

　この傾向がどこまで続くかわかりませんが、純粋な計量問題と合わせると結構な出題数になりますので、しっかりとした対策が必要です。

おさえておくべき 重要問題 の紹介

重要問題 1 **軌跡を選ぶタイプ** ✳●✳●✳ ☞ P138
➡ 東京都や特別区で頻出のタイプ。ほとんど消去法で正解が出る！

重要問題 2 **軌跡の長さを求めるタイプ** ✳●✳●✳ ☞ P143
➡ ここ数年の東京都、特別区の最頻出タイプ！

重要問題 3 **軌跡から図形を求めるタイプ** ✳●✳●✳ ☞ P150
➡ 図形の基本構造を考える問題！

重要問題 4 **円の回転** ✳●✳ ☞ P155
➡ 様々な試験で時々出題。解法を覚えれば確実に解ける！

ここが ポイント！ 　長さを求めるタイプは別として、軌跡を考える問題は、基本的に「**点の位置を確認→選択肢の消去**」という解法を取ります。軌跡自体より、**その点がどの位置を通るか**が最も重要なのです。

これだけは知っておきたい基礎知識

> ➡ 円弧の長さの求め方
> ➡ n角形が直線上を回転したときの円弧の数
> ➡ 円が直線上を回転したときの軌跡
> ➡ 小円が大円に沿って1周するときの回転数の公式

➡ 円弧の長さの求め方

例題 1

一辺が a の正三角形が直線上を1回転したとき、頂点 P の軌跡の長さは？

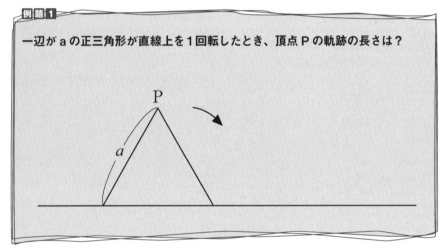

　円とは「中心から距離が等しい点の集まり」です。

　ですから、図形が回転するときも、中心になる点がズレず、そこからの距離が等しければ、**描く軌跡は円になります。**

　正三角形が直線上を回転していくときにも、パタッと倒れるまで中心点はズレず、そこからの距離も一定です。

　ですから、P の軌跡は円弧を描きます。

　円の半径は、正三角形の一辺の長さ a になります。

　回転の角度は、正三角形の3つの内角はすべて 60° なので、180° から 60° を引いた、120° になります。

つまり、まず一回、パタッと倒れたときには、Pは**半径 a、中心角 120°の円弧**を描くことになります。

　円弧とは、円周の一部のことです。

　円周の長さの公式はこうです。

円周の長さ＝ 2 × π × 半径

円弧の長さはこの一部なわけですから、次のような公式になります。

中心角が θ の円弧の長さ

$$円弧の長さ＝ 2 × π × 半径 × \frac{θ}{360}$$

ココだけ！

　ちなみに、**θ**はギリシア文字の「シータ」で、角度を表すのによく用いられます。見た目が難しそうに見えるかもしれませんが、未知数を x とか y とかで表すのと同じことです。

　正三角形（すべての角が 60°）が直線上を 1 回転するときは、次の図のように半径 a で中心角 120 度の円弧が 2 つ分となります。

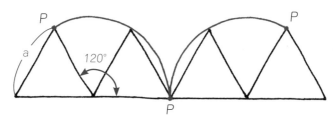

頂点 P の軌跡の長さ

$$= 2 × π × a × \frac{120}{360} × 2$$

$$= \frac{4}{3} π a$$

✏️ n角形が直線上を回転したときの円弧の数

正方形が直線上を回転したとき、図の正方形上の点 A と B が描く軌跡は、どちらが①でどちらが②？

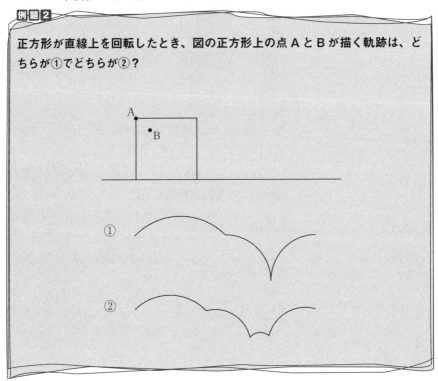

正方形を転がして、軌跡を見てみましょう。

まず点 A から。点 A は四角形の頂点のひとつです。

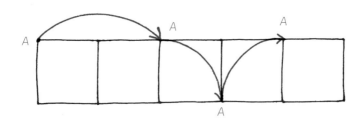

次に点 B。こちらは正方形の頂点以外の点です。

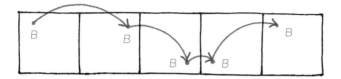

こちらは不規則な感じになりますね。

比べてみると、**点 A は 3 つの円弧、点 B は 4 つの円弧**だという違いがあります。
頂点は、回転の中心となるため、そのときは図形全体は回転していても、回転の中心として動かないからです。

この法則は、正方形だけでなく、n 角形のときに成り立ちます。
たとえば 9 角形を回転させたとき、頂点以外は 9 個の円弧、頂点は 8 個の円弧になります。

頂点と頂点以外で円弧の数がちがうのです。
頂点ならぬ店長は、たまに座り込んで動かない……という覚え方をするのもいいかもしれませんね。

ココだけ！

n 角形が直線上を回転したときの円弧の数は、
頂点以外は n、頂点は n − 1

円が直線上を回転したときの軌跡

円が直線上を回転したとき、円の中心 A と円周上の点 B が描く軌跡は、それぞれどれか?

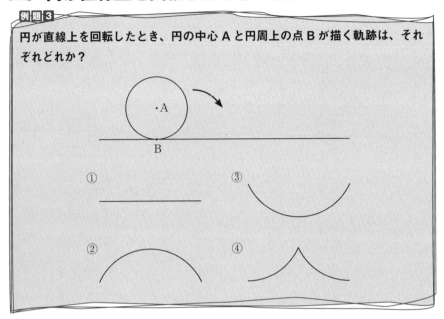

円を転がして、軌跡を見てみましょう。

まず点 A。

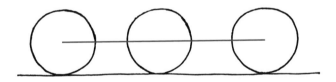

次に点 B。

円が潰れたような形をしてますね。

この曲線を**サイクロイド曲線**といいます。

名前を覚える必要はありませんが、形を覚えておきましょう。

ココだけ！

円が直線上を回転したときの軌跡は、

中心は直線となり、

円周上の点はサイクロイド曲線となる（名前を覚える必要はなし）。

✏️ 小円が大円に沿って1周するときの回転数の公式

例題 4

半径2の円の内側と外側を、それぞれ半径1の矢印のついた円が回転していく。

図の下の位置にきたときの矢印の向きは、それぞれ1〜4のどれになる？

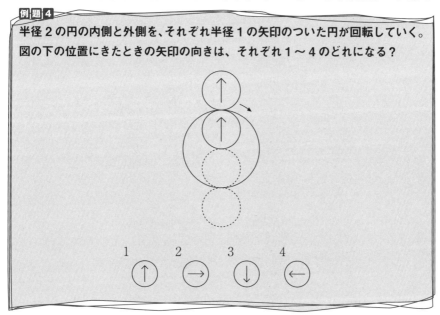

まず重要な問題として、「1回転したときにはどうなっているか」があります。

1回転＝大円の円周上を、小円の円周と同じ距離だけ動く

…… と考えると、**これは間違いなのです。**

その考え方だと、1回転したときは次の図のようになっているはずです。

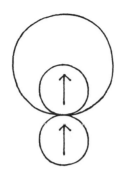

　これがそのまま答えのように見えます。だとすると、どちらも答えは1になります。

　でも、実際は、正しく1回転をしたときは、外側は右ななめ下、内側は元の位置まで来てしまっています。

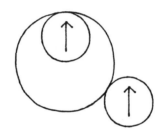

　回転数を知るためには、大円に接している部分の移動距離は関係なく、**重要なのは矢印の向きなのです。**

　矢印の向きを知るためには、**小円の中心の移動距離**が役立ちます。

　小円の中心が描く軌跡は、次の図のように、外側は半径2＋1、内側が半径2－1の円になります。

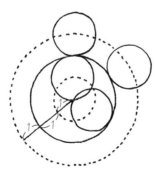

半径の比　小円：大円＝1：m のとき、

小円が大円の外側を1周するときの回転数　→　m＋1

小円が大円の内側を1周するときの回転数　→　m－1

となります。

この例題では、外側が3回転、内側が1回転ですから、真下にきたときには、
外側は半分の1.5回転していて3。
内側は半分の0.5回転していて、こちらも3になります。

左図のように、一辺の長さ a の正三角形 A、B が、一辺の長さ $2a$ の正六角形の辺に接しながら、それぞれ滑ることなく矢印の方向に回転を続けるとき、正三角形 A の頂点 P_A 及び正三角形 B の頂点 P_B が描く軌跡を表す図形として、妥当なのはどれか。

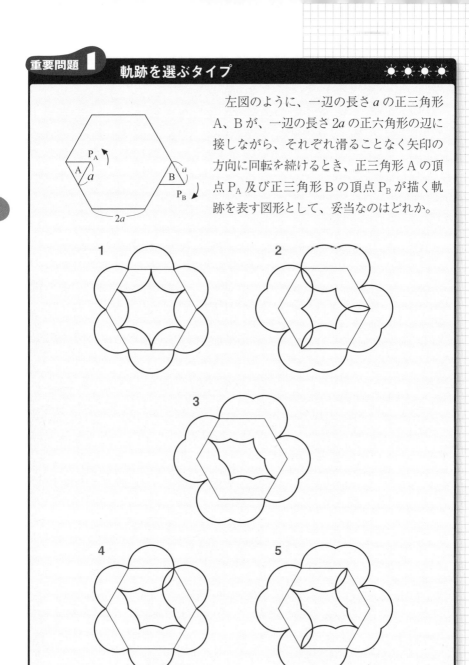

（東京都 I 類 A　2010 年度）

この設問は 👉 **東京都や特別区で頻出のタイプです。ほとんど消去法で正解が出ます！**

解くための下ごしらえ

文章題の中の重要な情報を、よく確認しておきましょう。

正三角形の1辺は1a、正六角形の1辺は2a
→ちょうど2倍なので、中途半端なところは通らない

正三角形の周りの長さは3a

 目のつけ所！

正三角形の周りの長さは3aなので、**正六角形の周りを3aの間隔で、Pは正六角形に接する**ことになります。

 **最短で解く方法**

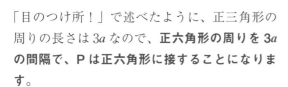

「目のつけ所！」で述べたように、正三角形の周りの長さは3aなので、**正六角形の周りを3aの間隔で、Pは正六角形に接することになります。**

そうなっているかどうか、選択肢を確認してみましょう。

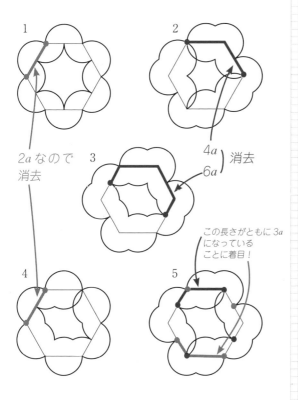

1

2a なので
消去

3

4a ⎞ 消去
6a ⎠

この長さがともに 3a
になっている
ことに着目！

4

5

選択肢 1、4 は P_B の間隔が **2a** ですし、肢 2、3
は P_A の間隔がそれぞれ **4a**、**6a** ですから、×
です。

**P_A も P_B も、正六角形に接する間隔が 3a になっ
ているのは、選択肢 5 だけです。**

正解　5

これがコツ！

きれいにすべての軌跡を描い
てみたりする必要はまったく
ないのです。
この章の冒頭の「ここがポイ
ント」のところで述べた、
「軌跡を考える問題は、基本的
に『点の位置を確認→選択肢
の消去』という解法を取りま
す。軌跡自体より、その点が
どの位置を通るかが最も重要
なのです」
というのは、こういうことで
す。

別解

一般的な解法としては、**順に転がしながら、選択肢を消去します。**

まず、A が 1 回転がって、P_A は次の位置にきます。

この点を通っていない選択肢 2 が消去できます。

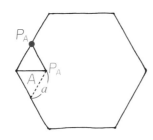

同様に、あと 2 回転がす間に、選択肢 1 と選択肢 3 も消去できます。

残る選択肢 4 についても、切れるとわかりますし、B を少し転がしてもわかります。

😆 勝者の解き方！

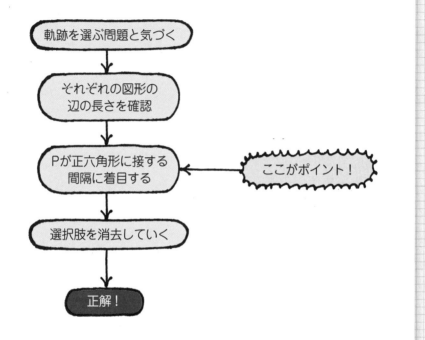

軌跡を選ぶ問題と気づく

↓

それぞれの図形の
辺の長さを確認

↓

Pが正六角形に接する
間隔に着目する ← ここがポイント！

↓

選択肢を消去していく

↓

正解！

😵 敗者の落とし穴！

- ◊ $3a$ 間隔で P が正六角形に接することに気づかない。
- ◊ 丁寧に円弧を描いて時間をロスする。
- ◊ 選択肢を消去せずに、最後まで確認する。
- ◊ 直感で選択肢を選んでしまう。

5

　下の図のような、直径 2cm の半円と一辺の長さが 2cm の正三角形 ABC を組み合わせた図形が、直接に接しながら、かつ直線に接している部分が滑ることなく矢印の方向に 1 回転するとき、辺 BC の中点 P の描く軌跡の長さとして、正しいのはどれか。ただし、円周率は π とする。

1　$\dfrac{2+\sqrt{3}}{4}\,\pi\,cm$

2　$\dfrac{2+\sqrt{3}}{3}\,\pi\,cm$

3　$\dfrac{2+\sqrt{3}}{2}\,\pi\,cm$

4　$\dfrac{2\,(2+\sqrt{3})}{3}\,\pi\,cm$

5　$\dfrac{3\,(2+\sqrt{3})}{4}\,\pi\,cm$

（東京都Ⅰ類B　2019 年度）

この設問は ☞ **ここ数年の東京都、特別区の最頻出タイプです。**

解くための下ごしらえ

与えられた条件を確認し、そこから導き出せる
ことも確認しておきましょう。

回転する図形→正三角形＋半円
辺の長さ→半円の直径＝正三角形の1辺＝2
cm
正三角形なので，内角はすべて60°
最初の回転は120°（180°－60°）
AP の長さ→$\sqrt{3}$ cm

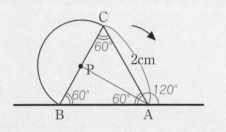

 法則！

60°の半分は30°なので、三角
形 ACP は、30° 60° 90°の直角
三角形。
30° 60° 90°の直角三角形の3
辺の比は
$1 : 2 : \sqrt{3}$
と決まっています。

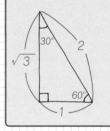

目のつけ所！

正三角形と半円が組み合わさっています。

つまり、**回転するとき、三角形の回転になる部
分と、円の回転になる部分があります。**

三角形が回転したときの軌跡と、円が回転した
ときの軌跡と、その両方の出し方がわかってい
る必要があるということです。

「これだけは知っておきたい基礎知識」のとこ
ろを振り返りながら、解いてみてください。

最短で解く方法

回転していく様子を想像してみましょう。━━━

まず A を中心に 120° 回転することになります。━━

これがコツ！

頭の中だけで思い描くのが難しかったら、図を描いてみましょう。
そのほうが、急がば回れですし、間違えずにすみます。

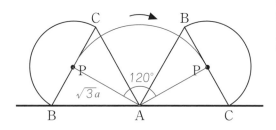

P はどういうふうに動くかというと、**A を中心とした半径√3 cm の円弧**を描くことになります。

A を中心に 120° 回転したのですから、**中心角は 120°** です。

これがコツ！

「1 回転するとき、辺 BC の中点 P の描く軌跡の長さ」を一度に出すことはできません。1 段階ごとに分割して考えるのがコツです。
「困難は分割せよ」です！

半径√3 cm、中心角120° の円弧 = $\dfrac{2\sqrt{3}}{3}$ πcm

次は、C を中心に回転することになります。
CB が直線と垂直になるまでです。━━

公式！

「これだけは知っておきたい基礎知識」のところで解説したように、

円弧の長さ＝2×π×半径× $\dfrac{\theta}{360}$

（θは中心角）

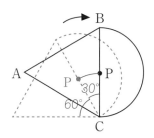

落とし穴！

「ここからは半円だから、180°」と思ってしまうと、大間違いをすることに。
それは CB が直線と垂直になってからの話です。
そうなるまでに、まだ C を中心に、少し回転しなければなりません。
ここに気づけるかどうかが、この問題の最大の難関です！

Pはどう動くかというと、Cを中心に、弧を描きます。

今度は半径はCPなので、1cmです。

中心角は、CBが直線と垂直になるまでなので、30°です。

半径1cm、中心角30°の円弧 = $\dfrac{\pi}{6}$ cm

次は、半円の回転です。

円の回転の場合、中心点のPは直線を描きます。

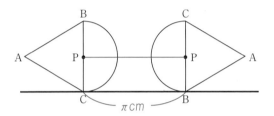

「これだけは知っておきたい基礎知識」の「円が直線上を回転したときの軌跡」を参照してください。

半円の円弧の長さだけ直線上を回転するわけですから、Pも同じ長さだけ横に進むことになります。

半円の半径は1cmで、中心角は180°ですから、

半円の円弧の長さ = $2 \times \pi \times 1 \times \dfrac{1}{2} = \pi$ cm

Pも π cmだけ横に動いたことになります。

最後に、Bを中心に回転します。

Aが直線に接したら、1回転の終了です。

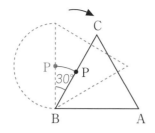

P はまた円弧を描きます。

半径は1cm、中心角は30° です。

これは、前の C を中心に回転したときと同じなので、その長さは $\dfrac{\pi}{6}$ cm ですね。

以上の軌跡の長さをすべて足しましょう。

$$\frac{2\sqrt{3}}{3}\pi + \frac{\pi}{6} + \pi + \frac{\pi}{6} = \frac{2(2+\sqrt{3})}{3}\pi\,\text{cm}$$

正解　4　**正解！**

裏ワザで解く！

半径 $\sqrt{3}$ の円弧を描くのは、最初（A を中心とした回転）だけです。

あとは $\sqrt{3}$ が付くことはありません。

最初（A を中心とした回転）の軌跡の長さは、$\dfrac{2\sqrt{3}}{3}\pi$ cm です。

$\sqrt{3}$ がこれより多かったり少なかったりする選択肢は、正解の可能性がないということです。

つまり、**正解の可能性があるのは、選択肢 4 だけ。**

最初（Aを中心とした回転）の軌跡の長さを出すだけで、正解がわかります。

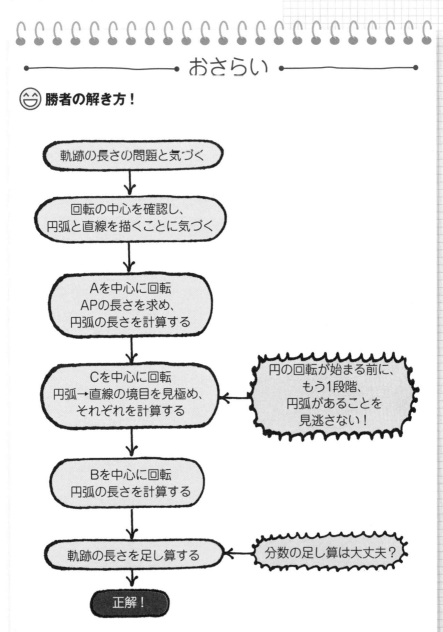

おさらい

勝者の解き方！

軌跡の長さの問題と気づく

↓

回転の中心を確認し、
円弧と直線を描くことに気づく

↓

Aを中心に回転
APの長さを求め、
円弧の長さを計算する

↓

Cを中心に回転
円弧→直線の境目を見極め、
それぞれを計算する

← 円の回転が始まる前に、もう1段階、円弧があることを見逃さない！

↓

Bを中心に回転
円弧の長さを計算する

↓

軌跡の長さを足し算する

← 分数の足し算は大丈夫？

↓

正解！

5

重要問題 3　軌跡から図形を求めるタイプ　☀☀☀☀

次の図は、ある図形が直線上を滑ることなく１回転したとき、その図形上の点Ｐが描く軌跡であるが、この軌跡を描くものはどれか。

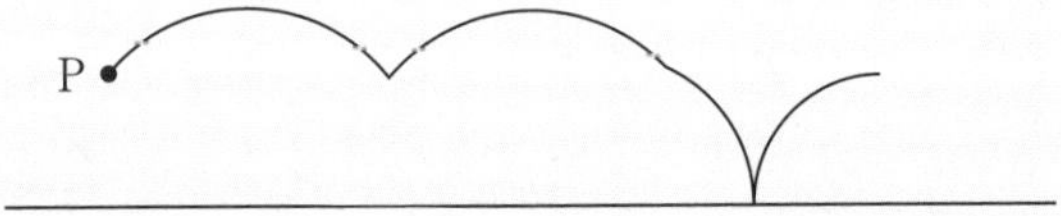

1

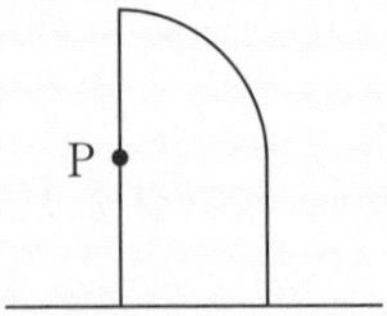

2

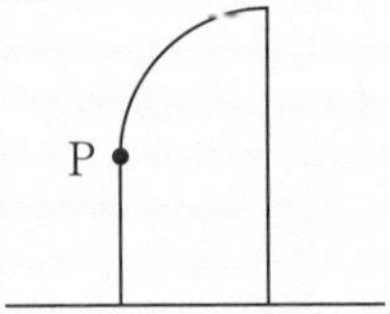

3

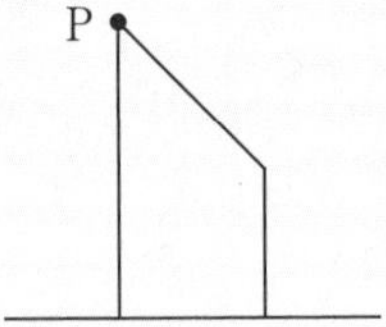

4

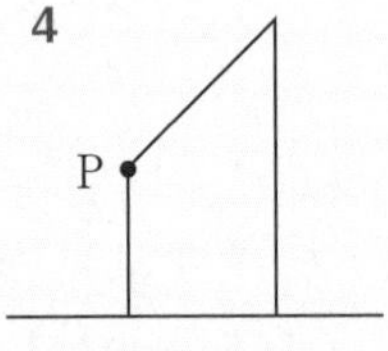

5

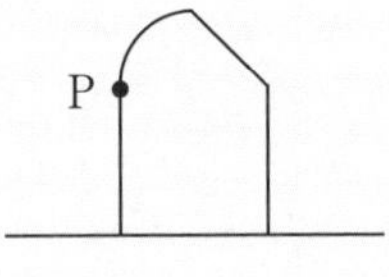

（特別区Ⅰ類　2014 年度）

この設問は ☞ 図形の基本構造を考える問題です。

解くための下ごしらえ

与えられた条件からわかることを整理しておき
ましょう。

> 軌跡は、円弧が４つ
> →多角形であれば、Ｐは四角形の頂点以外の
> 点、または五角形の頂点

 法則！

ｎ角形が直線上を回転したと
きの円弧の数→頂点以外はｎ、
頂点はｎ－１
なので、円弧が４つというこ
とは、頂点以外ならｎが４な
ので四角形、頂点なら（ｎ－１）
が４なので、ｎは５で、五角
形ということに。

5

 目のつけ所！

選択肢の図形は曲線を含むものが３つありま
す。
**曲線を含む図形は、おうぎ型と四角形に切り離
して考えましょう。** そうすると、おうぎ形部分
のＰは、選択肢１は「中心」、選択肢２と５は「円
周上の点」に当たります。それぞれどのような
軌跡を描くか考えれば、選択肢は絞られます。

軌跡から図形を選ぶタイプの問題は、最悪でも
すべての選択肢を転がせば、正解にはたどり着
けますが、**軌跡の種類→数→中心角の大きさ→
その順番**という感じで合致しない選択肢を消去
すれば、**描かずに答えが出ることがほとんどで
す。**
そのためにも、基本をしっかり理解することが
大切です。

最短で解く方法

多角形であれば、Pは**四角形の頂点以外の点**、
または**五角形の頂点**のはずです。
選択肢の中で多角形なのは、選択肢3と4。
どちらも四角形で、Pが頂点にあります。
つまり、**どちらも×です。**

選択肢1のPは、おうぎ形の中心です。
おうぎ形の部分が直線上を回転するときに、**直
線の軌跡が現れる**はずです。
ところが直線部分はありません。×ということ
です。

法則！

円の中心の軌跡→直線

選択肢5は、まず90°倒れて、次に45°ぐらい
倒れます。

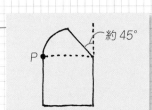

約45°

P

なので、軌跡の円弧の中心角も、1つ目は90°、
2つ目は45°くらいになるはずです。
設問の軌跡は、1つ目の円弧と2つ目の円弧の
中心角がどちらも90°くらいあります。
不一致なので×です。

消去法で、残った選択肢2が正解とわかります。

正解　2　 正解！

ねんのため確認すると、

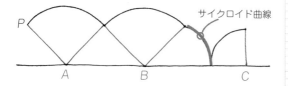

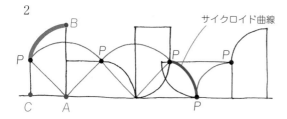

上の図の3つ目の曲線はサイクロイドです。
サイクロイドとは、円が回転していくときに円
周上の点が描く曲線のことです。
選択肢2の図形が逆さにひっくり返った状態か
ら、おうぎ形の部分が直線上を回転するときに
点Pがサイクロイドを描きます。

😄 勝者の解き方！

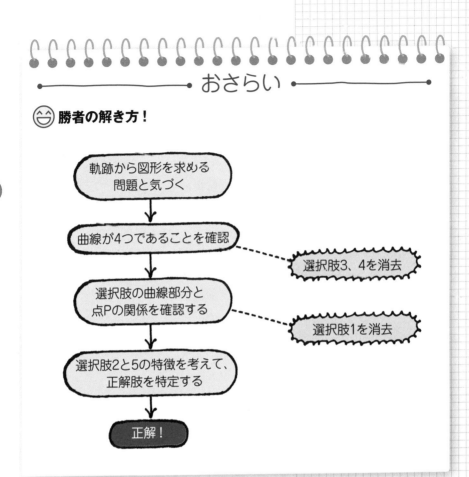

軌跡から図形を求める
問題と気づく

↓

曲線が4つであることを確認 ┈┈┈ 選択肢3、4を消去

↓

選択肢の曲線部分と
点Pの関係を確認する ┈┈┈ 選択肢1を消去

↓

選択肢2と5の特徴を考えて、
正解肢を特定する

↓

正解！

😵 敗者の落とし穴！

◌ すべての選択肢を転がしてみて、時間がかかってしまう。
◌ 円弧3つと見誤って、選択肢3、4に絞り込む。
◌ 選択肢1のPが直線を描くことに気づかない。
◌ おうぎ形を含む図形のPはすべて直線を描くと誤解し、選択肢1、2、5
　を消去してしまう。
◌ 円弧の中心角や半径を見極められない。

下図のように、同一平面上で、直径 4R の円 Z に、半分が着色された直径 R の円 X 及び直径 $\frac{3}{2}$ R の円 Y が、アの位置で接している。円 X 及び円 Y が、それぞれ矢印の方向に円 Z の円周に接しながら滑ることなく回転し、円 X は円 Z を半周してイの位置で停止し、円 Y は円 Z を $\frac{3}{4}$ 周してウの位置で停止したとき、円 X 及び円 Y の状態を描いた図の組合せとして、正しいのはどれか。

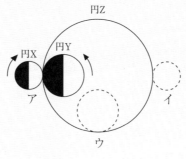

円X　　　円Y

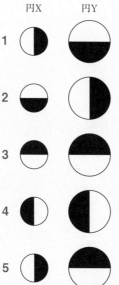

（東京都 I 類 B　2014 年度）

この設問は ☞ **様々な試験で時々出題されます。解法を覚えれば確実に解けます！**

解くための下ごしらえ

文章題を、図や記号やメモの形に変えましょう。

> XはZの外側を回転　→　イの位置まで半周
> 半径の比　X：Z＝1：4
>
> YはZの内側を回転　→　ウの位置まで $\frac{3}{4}$ 周
> 半径の比　Y：Z＝$\frac{3}{2}$：4

 目のつけ所！

XとZは半径の比が1：4ですから、**回転数の公式により楽な計算ですみます。**

ただ、YとZの半径の比は、公式に代入するためには、分数の計算が必要になります

それさえできれば、公式で解くほうが早いですが、点の位置を確認するという、軌跡の王道的な解法でもOKです（別解で紹介します）。

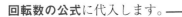 **最短で解く方法**

回転数の公式に代入します。

 公式！

XとZの半径の比　**X：Z＝1：4**

XがZの外側を1周する　→　4＋1＝5（回転）

イの位置まで半周　→　5回転×$\frac{1}{2}$＝**2.5回転**

2回転半ということで、**半回転**の図になるはずです。

そうなっている選択肢は1と5。

> 半径の比
> 小円：大円＝1：mのとき、
> 小円が大円の外側を1周する
> ときの回転数　→　m＋1
> 小円が大円の内側を1周する
> ときの回転数　→　m－1
> でしたね。

YとZの半径の比　$Y:Z = \dfrac{3}{2}:4$

このままでは、「小円：大円 = 1：mのとき」という公式にあてはめられないので、$Y:Z = 1:?$のかたちにします。

$$Y:Z = \dfrac{3}{2}:4 = 1:\dfrac{8}{3}$$

これを計算すると…

分数の計算、大丈夫ですか？

$Y:Z = \dfrac{3}{2}:4$

の $\dfrac{3}{2}$ を1にするためには、4のほうを $\dfrac{3}{2}$ で割ります（ $\dfrac{2}{3}$ をかけます）。

なので、$4\times\dfrac{2}{3}=\dfrac{8}{3}$ ということに。

YがZの内側を1周する　→　$\dfrac{8}{3}-1=\dfrac{5}{3}$（回転）

ウの位置まで $\dfrac{3}{4}$ 周　→　$\dfrac{5}{3}$ 回転 $\times\dfrac{3}{4}=\dfrac{5}{4}$ **回転**

1回転と $\dfrac{1}{4}$ 回転ということで、$\dfrac{1}{4}$ 回転の図になるはずです。

そうなっている選択肢は1だけ。

正解　1　 **正解！**

これがコツ！

Yを先に確認すると、一発で正解肢がわかります。

でも、普通はXから確認するでしょう。

普通に解くとなるべく手間がかかるように設問は作ってあります。

XとYなら、先にYから確認するとか、普通の逆にすると、時間がかせげることがあります。

別解

アの位置での、XとYの接点をそれぞれ、PとQとすると、**半径の比＝円周の比**から、PとQの通る位置が次のようにわかります。

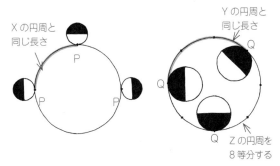

Xの円周と同じ長さ

Yの円周と同じ長さ

Zの円周を8等分する

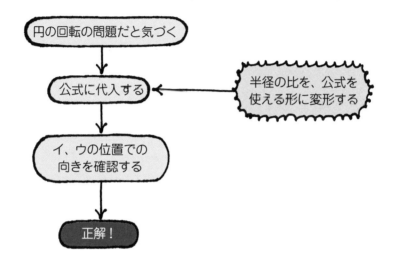

おさらい

😄 勝者の解き方！

```
円の回転の問題だと気づく
        ↓
   公式に代入する  ←──  半径の比を、公式を
        ↓              使える形に変形する
 イ、ウの位置での
   向きを確認する
        ↓
      正解！
```

😖 敗者の落とし穴！

🔥 頭の中で図形を転がそうとして混乱する。

🔥 公式を知らず、X は Z の周りを 1 周するのに 4 回転として計算してしまう。

🔥 Y の 1 周の回転数を、$4 - \dfrac{3}{2} = \dfrac{5}{2}$（回転）と誤解する。

🔥 公式に代入して 1 周分の回転数を求めるも、$\dfrac{1}{2}$、$\dfrac{3}{4}$ をかけるのを忘れる。

🔥 回転後の図形の向きが見極められない。

6

集合算

★★★★

ベン図は使い方次第で味方にも敵にもなる！

ナマケモノ

公務員試験を受ける人

ナマケモノなのに
大変ねぇ……

§6 集合算

ベン図で解くのが基本

　中には特殊な問題もありますが、集合算の**ほとんどはベン図で解きます**。

　よく出題しているのは、東京都、裁判所、国家専門職、警視庁などで、特に、東京都は、Ⅰ類A、Bはもとより、すべての試験種で、**判断推理の最初の位置に集合算が出題**されています（年度によって若干の例外あり）。

　東京都の集合算は、ほとんどがベン図で解く問題ですが、最近は少し変わった問題も出題されています。

　その他の試験では、難易度はまちまちで、時に個性的な問題もあります。

おさえておくべき 重要問題 の紹介

重要問題 ❶ ベン図で解く問題① ☀☀☀☀ ☞ P164

⟹ ベン図の基本的な書き方と見方を確認する問題！

重要問題 ❷ ベン図で解く問題② ☀☀☀☀☀ ☞ P170

⟹ 集合算の典型的な問題！

重要問題 ❸ ベン図＋数量を推理して解く問題 ☀☀☀ ☞ P177

⟹ 少し機転を利かせる必要がありますが、難しくはありません！

ここが ポイント！ 集合算の多くはベン図で解けます。ベン図が使えるのは**3つ の集団**まで（ほとんどの問題は3つ）。4つ以上の集団が出てきた場合は、趣旨の異なる問題と思っていいでしょう。

これだけは知っておきたい基礎知識

✏️ **ベン図の描き方**

これから丁寧に説明していきます「暗記するからゴチャゴチャした説明はいらない」という人は「ココだけ！」という囲みのところだけ見てくださいね！

長い説明を読むのも暗記するのも面倒くさいなぁ…

自分、ナマケモノですから

✏️ ベン図の描き方

例題

ある集団80人に聞き取り調査したところ、Aさんというアイドルのファンが47人、Bさんというアイドルのファンが26人いることがわかった。どちらのファンでもない人が13人いるときに、両方のファンは何人？

ココだけ！

円を描いてそれぞれの集合を表すのが「ベン図」です。
全体を四角で囲んで、円の外側の集合を表すこともあります。

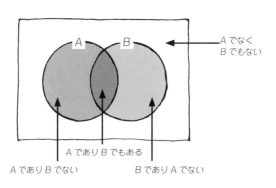

A でなく B でもない

A であり B でもある

A であり B でない

B であり A でない

この問題の場合、両方のファンの人数を x 人として、ベン図を描きます。

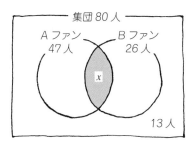

A さんのファンの 47 人の中には、B さんも好きな x 人が含まれています。
B さんのファンの 26 人の中には、A さんも好きな x 人が含まれています。
つまり、

Aさんのファン＋Bさんのファン

と足すと、x 人は 2 重にカウントされてしまいます。つまり $2x$ になります。
ですから、そこから x だけ引けば、重複のない、正しい人数になります。
したがって、

80人＝Aさんのファン＋Bさんのファン＋どちらでもない人－x

これを計算すると、

$47 + 26 + 13 - x = 80$
$x = 6$

両方のファンは **6 人** いることがわかります。

　集合の問題は、頭でいろいろ考えるよりも、手を使って図を描いたほうが速く解けることが多いもの。また、ミスも減ります。
　まず図を描く習慣をつけましょう。

100人に対し、A、B、Cの資格取得についてアンケートを実施した結果、以下のことがわかった。このとき、確実にいえることとして、最も妥当なのはどれか。

- ○ Aの資格を持っているのは40人で、Aの資格のみ持っているのは20人である。
- ○ Bの資格を持っているのは30人で、Bの資格のみ持っているのは10人である。
- ○ Cの資格を持っているのは50人である。
- ○ いずれの資格も持っていないのは10人である。

1 A、B、Cの3つの資格を持っているのは5人である。

2 A、Bの資格を共に持っているのは10人である。

3 A、Cの資格を共に持っているが、Bの資格を持っていないのは10人である。

4 Bの資格を持っているが、Aの資格を持っていないのは20人である。

5 Cの資格を持っているが、Bの資格を持っていないのは40人である。

（警視庁警察官　2019年度）

この設問は ☞ベン図の基本的な書き方と見方を確認する問題です。

 解くための下ごしらえ

簡単なメモにかたちを変えましょう。

> 全部で100人
> A40人　Aのみ20人
> B30人　Bのみ10人
> C50人
> いずれも持っていない　10人

A、B、Cを持っている人が重なっているというところで、「ベン図」を使って解く問題だと気づきましょう。

100人の集団が、A、B、Cそれぞれの資格を持っているかいないかで、8つに区分されます。

8つというのは、Aを持っているかいないかで2区分、さらにBを持っているかいないかで2区分、Cを持っているかいないかで2区分で、**2×2×2＝8**ということです。

この8区分を**「ベン図」**に整理します。

最短で解く方法

条件をベン図に整理します。

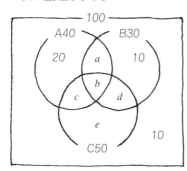

AとBに関しては、Aのみ、Bのみの人数がわかっています。

それを活用しましょう。

C を持っているのは 50 人ですから、**持っていないのも 50 人**ですね（全部で 100 人なので）。

ちょっとヒトコト このグレーのところも 50 人ということです。

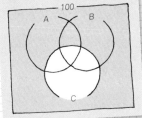

つまり、A のみの 20 人と、B のみの 10 人と、図の a と、いずれもなしの 10 人との合計が 50 人ということです。

ここから、a の人数を導き出すことができます。

$$20 + a + 10 + 10 = 50$$
$$a = 10$$

a の数字はわかりましたが、残る b～e は確定しません。

なので、ここで選択肢を検討します。

これがコツ！

こういう問題では、すべての区分の人数がわかるとは限りません。むしろ、どこがわかって、どこがわからないかの見極めが大切なのです。
すべてわからないとダメと思い込んでいると、そのせいで行き詰まってしまいます。

1　**A、B、C の 3 つの資格を持っているのは 5 人である。**
　→ベン図の b の区分ですが、ここは確定しません。

2　**A、B の資格を共に持っているのは 10 人である。**
　→ベン図の a + b の区分です。a は 10 人ですが、b が確定しないので、ここも確定しません。

3　**A、C の資格を共に持っているが、B の資格を持っていないのは 10 人である。**
　→ベン図の c の区分ですが、ここは確定しません。

4　**B の資格を持っているが、A の資格を持っていないのは 20 人である。**

→Bのみ持っている 10 人とベン図の d の区分の合計ですが、d が確定しないので、ここも確定しません。

5　Cの資格を持っているが、Bの資格を持っていないのは 40 人である。

→Cの 50 人から、$(b + d)$ を引いた人数ということになります。

$(b + d)$ は、BとCの両方を持っている人たちです。

この人数を出すには、Bの 30 人から、Bのみの 10 人と a（10 人）を引けばいいので、

$$b + d = 30 - (a + 10) = 30 - 20 = 10（人）$$

つまり、Cを持っている 50 人のうち、Bを持っていないのは、この 10 人を除く 40 人で、本肢は確実にいえます。

正解　5　

やってしまいがちな ✕ 解答

一般的な解法として、それぞれのベン図の合計
から方程式を立てるというやり方があります。
本問では次のような式ですね。

　　Aのベン図の合計から、
　　$b + c = 10$　…①
　　Bのベン図の合計から、
　　$b + d = 10$　…②
　　Cのベン図の合計から、
　　$b + c + d + e = 50$　…③

もうひとつ、全体の集合100人について、同様
に式を立てることもできるのですが、本問では、
これは③と同じ式になってしまいます。すなわ
ち、未知数は$a \sim d$の4つなのに、式は3本し
か取れないため、この方程式を解こうとしても、
それぞれの未知数は確定しません。

ただし、②を③に代入すると、$c + e = 40$ が得
られますので、ここから、選択肢5の正解は導
けます。

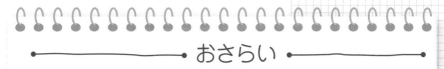

● おさらい ●

😆 勝者の解き方！

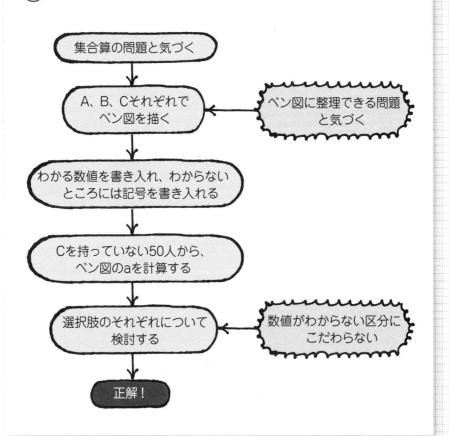

集合算の問題と気づく

↓

A、B、Cそれぞれで
ベン図を描く ← ベン図に整理できる問題
と気づく

↓

わかる数値を書き入れ、わからない
ところには記号を書き入れる

↓

Cを持っていない50人から、
ベン図のaを計算する

↓

選択肢のそれぞれについて
検討する ← 数値がわからない区分に
こだわらない

↓

正解！

😵 敗者の落とし穴！

- ベン図を描けない。
- 数値のわからない区分にこだわって行き詰まる。
- 方程式を立て、無理やり解こうとして行き詰まる。
- 選択肢のさす部分を見極められず、正解を見失う。

会員数50人のサークルで、タブレットPC及びスマートフォンの使用状況とSNSの利用状況について調べたところ、次のア〜オのことが分かった。

ア　男性は20人、女性は30人である。

イ　全員が、タブレットPC又はスマートフォンのどちらか一方を使用している。

ウ　タブレットPCを使用しているのは28人であり、そのうち18人は女性である。

エ　SNSを利用しているのは32人であり、そのうち15人はスマートフォンを使用している。

オ　SNSを利用していない人のうち、8人は女性であり、5人はタブレットPCを使用している男性である。

　以上から判断して、スマートフォンを使用しており、SNSを利用していない女性の人数として正しいのはどれか。

1　2人
2　3人
3　4人
4　5人
5　6人

（東京都I類A　2015年度）

この設問は ☞**集合算の典型的な問題です。**

 解くための下ごしらえ

文章のままではわかりにくいので、簡単なメモにかたちを変えましょう。

３つの集合
タブレットかスマホか
SNS を利用しているかしてないか
男性か女性か

ア　男性 20 人　女性 30 人　計 50 人
イ　全員、タブレットかスマホを使用
ウ　タブレット 28 人（女性 18 人）
エ　SNS 利用 32 人（スマホ 15 人）
オ　SNS 利用してない 18 人（女性 8 人、タ
ブレット男性 5 人）

スマホで SNS 利用していない女性は？

ここに注目！

設問文には「タブレット PC 及びスマートフォンの使用状況と SNS の利用状況について調べた」と書かれているだけですが、ア～オの中で男女が区別されていますし、問われているのも「女性の人数」です。ですから、「男性か女性か」という区別も忘れずに！

6

？ なんでこうなるの？

エで「SNS を利用しているのは 32 人」とわかっているので、50 人− 32 人＝ 18 人で、SNS を利用していない人は 18 人。

目のつけ所！

50 人という集団が、「タブレットかスマホか」「SNS を利用しているかしてないか」「男性か女性か」という３つの基準によって、**いくつかの集団に区分されています。**
「これは集合算の問題で、ベン図の出番！」 と気づきましょう。

最短で解く方法

集合の問題の多くはこのタイプ。
３つの基準で集団を区分する**ベン図**を描いてみましょう。

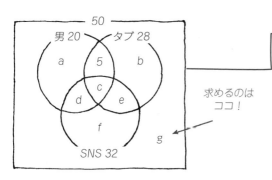

全員で 50 人というのを、全体の枠として、
その中に、このように「3つの集団」を重ね合わせるように描きます。計算した結果、0人になるところがあったとしても、かまわないのです。
「男」のところは「女」でもかまいませんし、「タブレット」のところは「スマホ」でもかまいません。「SNS」のところも「利用しない人」にしてもかまいません。

求めるのはココ！

ベン図の中に、すでに書き込める数値は書き込みましょう。

全員で 50 人、男性が 20 人、タブレットを使用している人が 28 人、SNS を利用している人が 32 人はすぐに書き込めますね。

オの「SNS を利用していない人のうち……5 人はタブレット PC を使用している男性」も、SNS を利用していなくて、男性とタブレットが重なっているゾーンはひとつなので、そこに書き入れることができます。

ちょっとヒトコト これはこの時点では気づかなかったとしても、後で気づけます。

まだ人数がわかっていないところは、abc などの記号を書き込んでおきましょう。

そして、それを計算していくのです。

最終的に求めるのは、g です。

男でなく、タブレットを使っていなくて、SNS を利用していない＝「スマートフォンを使用しており、SNS を利用していない女性」です。

ア～オの条件をもとに、ベン図に書き込んだ a ～ g の数値を計算していきましょう。

わかったところから、数字をベン図に書き入れ

なんでこうなるの？

男でなければ、女です。SNS は利用しているか、していないかなので、利用している人以外は、利用していない人です。
タブレットを使っていない人は、「イ　全員が、タブレット PC 又はスマートフォンのどちらか一方を使用している」より、スマホを使っています。

ていきます。

ア　男性20人、女性30人

男性が20人ということをすでにベン図に書き
込んであります。全体が50人も書き込んであ
ります。
女性が30人なので、男性（a＋5＋c＋d）以
外の、

b＋e＋f＋g＝30

ということになります。

イ　全員、タブレットかスマホを使用

ベン図を描く段階でタブレットとスマホに集団
を分けるのに使用しました。

ウ　タブレット28人（女性18人）

タブレット28人のうち、女性**18人**、男性は
28－18＝**10人**です。

b＋e＝18
c＋5＝10　→　c＝5

ということになります。
cはもうわかったので、ベン図に5と書き込み
ましょう。

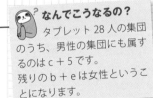

なんでこうなるの？
タブレット28人の集団
のうち、男性の集団にも属す
るのはc＋5です。
残りのb＋eは女性というこ
とになります。

エ　SNS利用32人（スマホ15人）

SNS利用32人のうち、スマホは**15人**、タブレッ

トは 32 − 15 = **17 人**。

> **d＋f=15**
> c＋e＝17　→　5＋e＝17　→　**e＝12**

e はもうわかったので、ベン図に 12 と書き込みましょう。

また、e が 12 とわかったことで、ウのところの式、**b＋e＝18** にあてはめることができます。

> b＋12＝18　→　**b＝6**

オ　SNS 利用してない 18 人（女性 8 人、タブレット男性 5 人）

> a＋5＋b＋g＝18　→　a＋5＋6＋g
> ＝18　→　**a＋g＝7**
> b＋g＝8　→　6＋g＝8　→　**g＝2**

ちょっとヒトコト　答えが出ました！本番では、ここでもう選択肢を選んで、次の問題に進みましょう。

SNS を利用していなくて、男性でタブ　レットを使用が 5 人　→　これはすでに最初に書き入れてあります。

ちょっとヒトコト　最初に書き込めることに気づかなかったとしても、この時点で気づけます。

さて、g がわかったので、**a＋g＝7** より、

> a＋2＝7　→　**a＝5**

b＋e＋f＋g＝30 より、

> 6＋12＋f＋2＝30　→　**f＝10**

d＋f＝15 より、

> d＋10＝15　→　**d＝5**

すべての数値をベン図に書き込むと、次のように
なります。

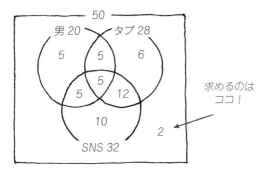

• おさらい •

😆 勝者の解き方！

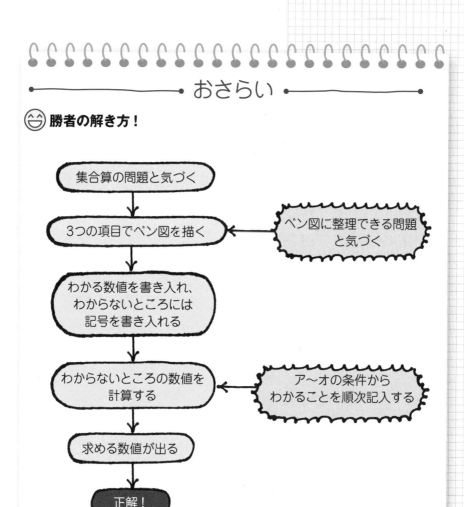

集合算の問題と気づく

↓

3つの項目でベン図を描く ← ベン図に整理できる問題と気づく

↓

わかる数値を書き入れ、わからないところには記号を書き入れる

↓

わからないところの数値を計算する ← ア〜オの条件からわかることを順次記入する

↓

求める数値が出る

↓

正解！

😵 敗者の落とし穴！

◌ ベン図を描けない。

◌ 「タブレットかスマホ」「SNSを利用しているか」の2つでベン図を描き、男女の条件をどのように処理していいかわからない。

◌ ベン図を読み間違える。

ベン図＋数量を推理して解く問題

　あるクラスで銀行口座を開設している人数を調査した結果、A 銀行に口座を持っている人は 13 人、B 銀行に口座を持っている人は 15 人、C 銀行に口座を持っている人は 17 人であった。また、A 銀行、B 銀行の両方に口座を持っている人は 8 人、A 銀行、C 銀行の両方に口座を持っている人は 7 人、B 銀行、C 銀行の両方に口座を持っている人は 4 人であった。このとき、そのクラスの人数として考えられる最小人数は何人か。

1　27 人
2　28 人
3　29 人
4　30 人
5　31 人

（裁判所事務官　2005 年度）

この設問は ☞少し機転を利かせる必要があります。

 解くための下ごしらえ

すぐにベン図を描いてみるべきですが、ここではまずいちおう条件を抜き出して整理しておきましょう。

A 銀行 13 人　B 銀行 15 人　C 銀行 17 人
A 銀行＆ B 銀行 8 人
A 銀行＆ C 銀行 7 人
B 銀行＆ C 銀行 4 人
総人数の最小人数は何人？

 目のつけ所！

A 銀行、B 銀行、C 銀行の 3 つの集団で、人数の話なので、集合算と気づいて、ベン図を描い

てみるべき。

「最小人数」という条件にも注目！

最短で解く方法

まずは条件をベン図に整理して、人数のわからないところは a ～ h とおきましょう。

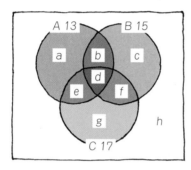

総人数を最小にするのですから、**h ＝ 0**

条件より、

AとBの重なり　b＋d＝8	…①
AとCの重なり　d＋e＝7	…②
BとCの重なり　d＋f＝4	…③

3つの円のそれぞれの人数と、
それぞれの重なりの人数はわかっています。
あと、わかっていないのは、**d** の人数です。
これがわかれば、bもeもfもわかります。

$$\text{総人数} = A+B+C-(8+7+4-d)$$
$$= 13+15+17-19+d$$
$$= \mathbf{26+d} \quad \cdots ④$$

d が最小の値になるとき、総人数も最小になる
ことがわかります。

では、d＝0 だとどうでしょう？
①、②から、b = 8 e = 7
d、b、e を足すと 15 で、
A = 13 をオーバーしています！

d = 1 だと、
b = 7 e = 6 で、d、b、e を足すと 14 で、
A = 13 をオーバーしています！

d = 2 だと、
b = 6 e = 5 で、d、b、e を足すと 13 で、
A = 13 を満たします。
③より、f = 2
B に関しても、C に関しても問題はありません。

④より、

$$\text{総人数} = 26+2 = \mathbf{28}$$

正解 2 正解！

なんでこうなるの？
先に説明したように、
全体の人数を出すときには、
それぞれの集合を足して、重
なっている部分を引く必要が
あります。
d は 3 重になっているので、
2 回引く必要があります。
しかし、A と B の重なり、A
と C の重なり、B と C の重な
りを引くと、
d だけは 3 回も引くことに
なってしまいます。
3 回では 1 回多すぎです。
そこで、1 回分、d を戻して
いるわけです。

落とし穴！

「d が最小になればいいんだか
ら、d ＝ 0 だな」
と即断してしまわないことが
大切。
それで問題がないか、検討し
てみる必要があります。
実際、0 ではダメなんです。
この問題は、これが落とし穴
のひとつです。

やってしまいがちな ✕ 解答

人数が最小というのは、どういう状態かと言うと、「重なっている部分の人数が最も多くなる場合」のことです。

ここまでは正しいのですが、
「じゃあ、最も重なっている d を最大にすればいいのでは！」
と考えてしまうと、落とし穴です！

d + f = 4　なので、d の最大値は **4** です。

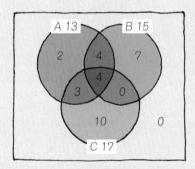

この場合、合計は 30 人になります。
なぜこの考え方だと、最小人数にならなかったのでしょうか？
（d）と隣り（b、e、f）だけなら、それでいいのですが、a、c、g への影響を忘れています。

　dが1増える→b、e、fが1ずつ減る→a、c、gが1ずつ増える

よって、合計は 1 増えることになります。
d はできるだけ小さくしたほうがいいのです。

なんでこうなるの？
　たとえば、重なっている人数が 0 人なら、
A + B + C = 13 + 15 + 17 = 45（人）です。
重なっている人数が多いほど、重複してカウントされている人たちが多いということで、45 からその分を引くことができます。

ひっかけ選択肢！

ちゃんと選択肢4が 30 人になっています。

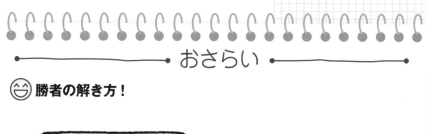

おさらい

😄 **勝者の解き方！**

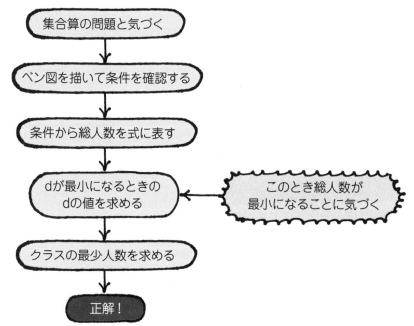

集合算の問題と気づく

↓

ベン図を描いて条件を確認する

↓

条件から総人数を式に表す

↓

dが最小になるときの
dの値を求める ← このとき総人数が
最小になることに気づく

↓

クラスの最少人数を求める

↓

正解！

😣 **敗者の落とし穴！**

💧 「d が 0 のとき、最小人数になる」と即断してしまう。

💧 逆に「d が最大のときに、最小人数になる」と勘違いしてしまう。

試合

★★★★

試合は数字から推理する！

§7　試合

リーグ戦は「勝敗表」で解く！

　文字通り、試合を題材とした問題で、大きく分けると「リーグ戦」と「トーナメント戦」があります。

　この2つの出題率としては、かつては圧倒的に「リーグ戦」が多かったのですが、最近では「トーナメント戦」の出題が急増しています。

　リーグ戦の問題は、「勝敗表」という表に勝ち負けを○、×で記入して情報を整理する問題が多く、この表は、スポーツが好きな人はもちろん、あまり興味がなくとも、スポーツニュースなどで目にすることは多いでしょう。

　勝敗表は、基本的には勝ち負けを記入するものですが、他に、得点を記入したり、スケジュールを記入して使う場合もあります。

トーナメント戦は「トーナメント図」で解く！

　一方、トーナメント戦は、大体の問題が「トーナメント図」を示していますので、与えられた情報をもとに、各チームの場所や勝ち上がりの様子を推理して図に記入します。

　トーナメント戦の特徴は、1回負けたらおしまいということです。優勝候補といえども、あえなく初戦敗退とか、甲子園のようなドラマチックなことが起こる可能性もあります。

　トーナメント戦の問題では、この特徴が大きなポイントになることが多く、**何度も試合をする（何度も条件に登場する）チーム＝強いチームがカギを握ることが比較的多いです。**

重要問題 の紹介

重要問題 1 リーグ戦 ✳✳✳✳✳✳ ☞ P186

⟹ 「勝敗表」に整理する最もスタンダードなタイプ。

重要問題 2 トーナメント戦 ✳✳✳✳ ☞ P192

⟹ 「トーナメント図」を活用して条件を整理する問題。

重要問題 3 数量条件を含むタイプ ✳✳✳ ☞ P201

⟹ 試合数や勝ち数、負け数から推理する問題。

ここがポイント！ 勝敗表は、○と×（△と△）は必ずセットで記入しましょう！（2つのチームが試合して、一方が勝てば、もう一方は負けですから。あるいは両方とも引き分けですから）

全体的に、数量から判断することが多いので、数値の持つ意味をしっかり考えながら解きましょう！

A～Fの6人がテニスのリーグ戦を行い、試合後に、各人が次のように話していた。このとき、確実にいえることとして、最も妥当なのはどれか。

A 「私は3勝2敗だった。全試合を通じて引き分けは2回のみであった。」
B 「私はDと引き分けた。」
C 「私はBに勝ったが、負け数が勝ち数よりも多かった。」
D 「私はEに勝った。」
F 「私はCに負けた以外は全員に勝った。1勝もしていない者はいなかった。」

1 AはBに勝った。
2 DはAに勝った。
3 Cは1勝した。
4 EはAに勝った。
5 Bは2回引き分けた。

（東京消防庁 2021 年度）

この設問は ☞ 情報を「勝敗表」に整理するスタンダードなタイプの問題です。

解くための下ごしらえ

文章題を、図や記号やメモの形に変えましょう。

A～F 6人 リーグ戦
A 3勝2敗
引き分けは2回のみ
B△D
B＜C
C 勝ち数＜負け数
E＜D

ここに注目！

Aが3勝2敗2分と誤解しないように。6人のリーグ戦ですから、Aの試合は全5試合です。「全試合を通じて引き分けは2回のみ」というのは、A以外も含めた全員の全試合のことです。

F < C
A、B、D、E < F
1勝もしていない者はいない

目のつけ所！

A、C、F には、後半に情報がつけ足されています。その情報が解く上で必要ということです。そのことを忘れないようにしながら、勝敗表に情報を整理していきましょう。

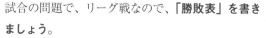
最短で解く方法

試合の問題で、リーグ戦なので、**「勝敗表」を書きましょう。**
そこに、書き込める条件をすべて書き込んでいきます。

A　3勝2敗
誰に勝ったか負けたかわからないので、その情報だけ書いておきます。

B △ D
B < C
E < D
F < C
A、B、D、E < F
これらの条件は、そのまま書き込めます。

	A	B	C	D	E	F	戦績
A						×	3勝2敗
B			×	△		×	
C		○				○	
D		△			○	×	
E				×		×	
F	○	○	×	○	○		4勝1敗

Fは4勝1敗とわかるので、それも書いておきます。

では次に、まだ書き込めなかった条件に注目していきましょう。

C　勝ち数＜負け数
Cは2勝しているので、負け数のほうが多いということは、**他はすべて負けで3敗とわかります**。

引き分けは2回のみ
BD戦以外に、もう1つ引き分けがあることになります。
Aは3勝2敗で引き分けはありませんから、他に可能性があるのは、勝敗表をよく見てみると、BE戦しかありません。

ちょっとヒトコト　A、C、Fに引き分けはないので、B、D、Eの対戦で残っている部分を確認するとわかりますね。

BE戦が引き分けとわかります。

	A	B	C	D	E	F	戦績
A			○			×	3勝2敗
B			×	△	△	×	
C	×	○			×	○	2勝3敗
D		△			○	×	
E		△	○	×		×	
F	○	○	×	○	○		4勝1敗

これがコツ！

「勝敗表」の書き方ですが、縦横にそれぞれすべての参加チームを並べます。
横列が基本（成績表示するほう）で、
縦列は対戦相手です。
自分同士の試合はないので、斜めの線を引きます。
たとえば、AとBの試合で、Aが負けてBが勝てば、
Aの横軸のBのところに×（負けの印）を付け、
Bの横軸のAのところに○（勝ちの印）を付けます。

残っている条件は、

1勝もしていない者はいない

勝敗表を見ると、Bは2敗2分の状態です。A
には勝っていることになります。

A＜B

Aの2敗がFとBだとわかります。

つまり、他のDとEには勝ったということです。

D、E＜A

	A	B	C	D	E	F	戦績
A		×	○	○	○	×	3勝2敗
B	○		×	△	△	×	1勝2敗2分
C	×	○		×	×	○	2勝3敗
D	×	△	○		○	×	2勝2敗1分
E	×	△	○	×		×	1勝3敗1分
F	○	○	×	○	○		4勝1敗

勝敗表と選択肢を見比べてみると、

1　AはBに勝った。

2　DはAに勝った。

3　Cは1勝した。

4　EはAに勝った。

5　**Bは2回引き分けた。**

正解　5　

じつはこの時点で、正
解は5とわかります。

落とし穴！

この設問では、勝敗表をすべ
て埋めることができます。

でも、いつも必ず、すべて埋
まるとは限りません。わから
ないところが残る場合もあり
ます。それでも答えはわかる
ようになっています。

なぜそういうふうにしてある
かと言うと、あくまですべて
解明しようとして時間をロス
したり、間違えたりする受験
者がいるだろうと、そこを狙っ
ているわけです。

いい言い方をすれば、「必要な
情報を必要なだけ取り出せる
能力を見ている」ということ
でもあるでしょう。

この設問でも、先に記したよ
うに、じつはすべてを埋める
必要はありません。

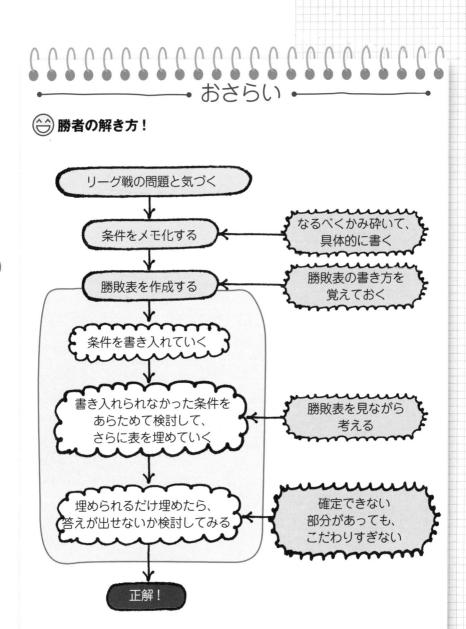

おさらい

😆 勝者の解き方！

```
リーグ戦の問題と気づく
        ↓
条件をメモ化する  ←  なるべくかみ砕いて、
        ↓           具体的に書く
勝敗表を作成する  ←  勝敗表の書き方を
        ↓           覚えておく
条件を書き入れていく
        ↓
書き入れられなかった条件を  ←  勝敗表を見ながら
あらためて検討して、          考える
さらに表を埋めていく
        ↓
埋められるだけ埋めたら、  ←  確定できない
答えが出せないか検討してみる   部分があっても、
        ↓                    こだわりすぎない
     正解！
```

⚇ **敗者の落とし穴！**

⍺ 勝敗表の書き方を知らない

⍺ 勝敗表に〇×を記入するだけで、その他の情報をどうしていいかわからない。

⍺ Ａに引き分けがないことに気づかず、残る引き分け試合を定められない。

⍺ 余計な場合分けをして時間をロスする。

A～Hの8チームが綱引きの試合を図のようなトーナメント戦で行った。ア～オのことが分かっているとき、確実にいえるのはどれか。ただし、すべての試合において引き分けはなかった。

ア 1回戦でHチームに勝ったチームは、2回戦でEチームに負けた。

イ Dチームは全部で2回の試合を行った。

ウ 1回戦でBチームに勝ったチームは、3回戦まで進んだが、優勝はしなかった。

エ 1回戦でAチームに勝ったチームは、2回戦でFチームに勝った。

オ CチームはEチームに負けた。

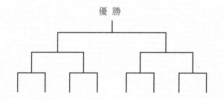

優 勝

1 AチームはGチームと対戦した。

2 BチームはCチームと対戦した。

3 CチームはFチームと対戦した。

4 DチームはHチームと対戦した。

5 EチームはGチームと対戦した。

(国家Ⅱ種 2009年度)

この設問は ☞ 「トーナメント図」を活用して条件を整理する問題です。

解くための下ごしらえ

文章で与えられている条件を、ひと目でわかりやすいメモの形に変えましょう。

A ～ H　8チーム
引き分け 0

ア　1 回戦 H に○チーム→2 回戦 E に×
　　H → 1 回戦×
　　E →決勝戦進出

イ　D → 2 回戦×

ウ　1 回戦 B に○チーム→準優勝
　　B → 1 回戦×

これがコツ！

トーナメント戦では、あるチームが勝ったということは、相手チームは敗退したということ。
つまり、1 回戦で H に勝ったチームがあるということは、
H は 1 回戦で敗退ということ。
また、トーナメント戦では、あるチームが負けたということは、相手チームが勝ち進んだということ。
つまり、あるチームが E チームに 2 回戦で負けたということは、
E チームは決勝戦に進んだということ。
そこまでメモで書き出しましょう。
これがトーナメント戦問題のポイント！

 2 回試合したということとは、2 回戦まで進み、そこで負けたということ。
これもトーナメント戦ならではなので、要注意！

これがコツ！

「優勝はしなかった」という書き方ではわかりにくいので、「準優勝」とわかりやすく言い換えることが大切。

エ　1回戦Ａに○チーム→2回戦Ｆに○（決
　勝進出）→優勝
　　Ａ→1回戦×
　　Ｆ→2回戦×

オ　Ｃ＜Ｅ

 目のつけ所！

図を見るとわかるように、このトーナメント戦
には1回戦、2回戦、3回戦（決勝戦）があり
ます。
決勝戦に進出したチーム、2回戦敗退のチーム、
1回戦敗退のチームをそれぞれ整理します。
トーナメント戦は、強いチームがカギを握るこ
とが多いです。
まずは、**決勝戦に進出したチームに着目しま**
しょう！

 なんでこうなるの？

2回戦で勝ったというこ
とは、3回戦に進出。
3回戦は、図を見るとわかる
ように、決勝戦。
条件ウで、決勝戦で負けたチー
ムがわかっているので、勝っ
たのはどちらのチームという
ことになる。
ここまで考えていると、下ご
しらえだけで時間がかかって
しまうと思うかもしれません
が、料理と同じで、下ごしら
えこそ、いちばん時間をかけ
るべきところなのです。ここ
がちゃんとできていれば、料
理は簡単！

ここに注目！
これ、大切なポイントです！

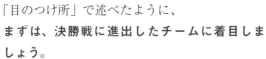 **最短で解く方法**

「目のつけ所」で述べたように、
まずは、**決勝戦に進出したチームに着目しま**
しょう。

決勝戦に進出したのは、
条件ウの「1回戦Ｂに○チーム」と
条件エの「1回戦Ａに○チーム」です。

ア　E →決勝戦進出

なので、どちらかは E です。

次に、これも「目のつけ所」で述べたように、
決勝に進出したチーム、2 回戦敗退のチーム、
1 回戦敗退のチームをそれぞれ整理しましょ
う。

決勝戦進出　E ともう 1 チーム

2 回戦敗退　D、F

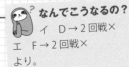

なんでこうなるの？
イ　D →2 回戦×
エ　F →2 回戦×
より。

1 回戦敗退→ A、B、H、もう 1 チーム

なんでこうなるの？
エ　A →1 回戦×
ウ　B →1 回戦×
ア　H →1 回戦×
より。
「もう 1 チーム」というのは、
1 回戦は 4 試合あるので、も
う 1 チーム敗退しているはず
だからです。

さて、不明なチームが 2 つあります。
決勝戦に出たチームと、1 回戦で敗退したチー
ムです。
これはどのチームなのか？
A 〜 H のうち、A、B、D、E、F、H はすでに
出てきています。
まだ出てきていないのは、C と G。
つまり、
**決勝戦に出たチームと、1 回戦で敗退したチー
ムは、C と G ということです。**

どっちがどっちなのでしょうか？

C に関しては、
オ　C ＜ E
という条件があります。
この C と E の対戦は何回戦なのでしょう？

E は、すでにわかっているように、
「1 回戦 B に○チーム」か、
「1 回戦 A に○チーム」のどちらかです。
C と対戦したのは、1 回戦ではないことがわかります。

2 回戦は 2 試合なので、敗退するのは 2 チーム。
それは、D と F とすでにわかっています。
つまり、E と C が対戦したのは、2 回戦でもありません。

つまり、E と C の対戦は決勝戦ということです。
そして E が勝ちました。

試合の組合せがわかったので、
トーナメント図に記入していきましょう。

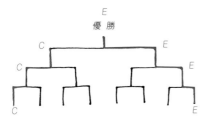

まず、優勝したのは E、準優勝は C なので、それを書き入れます。

E の対戦チームは、
エ　1 回戦 A に○チーム→2 回戦 F に○（決勝進出）→優勝
なので、**1 回戦は A で、2 回戦は F です。**
C の対戦チームは、

これがコツ！

トーナメント表というのは、本当はいちばん下の 1 回戦のところにだけチーム名を書き入れればいいわけですが、下から書こうとすると、難しくなります。
上の決勝戦から書いていくと、楽になります。これがコツです！
なお、C と E は左右どちらに配置しても同じことです。大切なのは対戦相手です。

ウ　1回戦Bに○チーム→準優勝

で、1回戦はBです。

2回戦は、DとFとわかっているので、こちら
はDということになります。

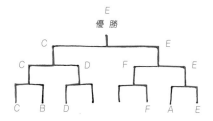

最後の2カ所ですが、

ア　1回戦Hに○チーム→2回戦Eに×

なので、2回戦でEに負けたFが、1回戦でH
と対戦していたことになります。

残る1カ所がGとわかります。

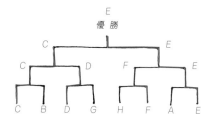

これで対戦相手がすべてわかりました。

選択肢を検討してみましょう。

正しいのは、

2　BチームはCチームと対戦した。

です。

正解　2　

決勝戦に着目せずに、条件アから順番に、いきなりトーナメント図に書き込んでいこうとすると、なかなかうまくいきません。

アをたとえば次のように記入すること自体はかまわないのですが、問題は次！

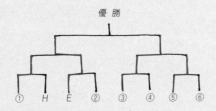

イより、Dは①または⑤

ウより、Bに勝ったチームを③におく　←Eの可能性もある！

エより、Aに勝ったチームは？　→　これも③？というような感じで、ごちゃごちゃになってきてしまいます…

ウ、エのチームがEかもしれないことがわかっても、ここで場合分けなどをすると、時間がかかってしまいます。

おさらい

😄 **勝者の解き方！**

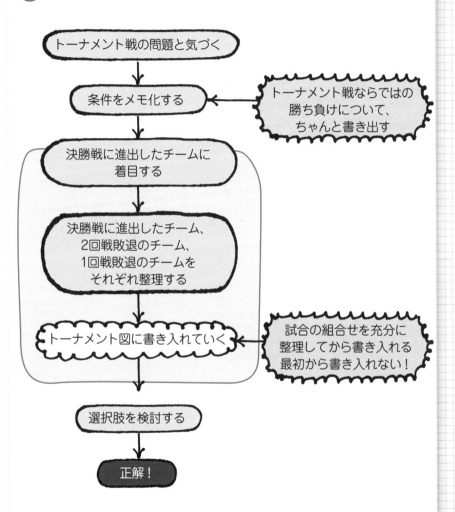

トーナメント戦の問題と気づく

↓

条件をメモ化する ← トーナメント戦ならではの勝ち負けについて、ちゃんと書き出す

↓

決勝戦に進出したチームに着目する

↓

決勝戦に進出したチーム、2回戦敗退のチーム、1回戦敗退のチームをそれぞれ整理する

↓

トーナメント図に書き入れていく ← 試合の組合せを充分に整理してから書き入れる 最初から書き入れない！

↓

選択肢を検討する

↓

正解！

敗者の落とし穴！

◊ トーナメント戦ならではの勝敗の情報に気づかない。

◊ 決勝戦に進出したチームに注目しない。

◊ 決勝戦に進出したチーム、2回戦敗退のチーム、1回戦敗退のチームを
それぞれ整理しない。

◊ 情報を整理しないうちから、いきなりトーナメント図に書き入れていこ
うとする。

　ある地区には A ～ D の野球チームがあり、この 4 チームは定期的に試合を行っている。ある年の 4 チームの対戦結果として以下のことがわかっているとき、確実にいえることとして、最も妥当なのはどれか。なお、引き分け試合はなかったものとする。

　　ア：A チームは合計 12 勝 8 敗で、C チームとは 7 回対戦した。
　　イ：B チームは合計 9 勝 7 敗で、C チームに対しては 3 試合負け越し、D
　　　　チームに対しては 2 試合勝ち越した。
　　ウ：C チームは合計 7 勝 10 敗で、D チームとの対戦結果は 2 勝 3 敗だった。
　　エ：D チームは合計 8 勝 11 敗で、A チームとは 8 回対戦した。

　1　A チームの D チームとの対戦結果は 6 勝 2 敗だった。
　2　B チームの A チームとの対戦結果は 4 勝 1 敗だった。
　3　B チームの C チームとの対戦結果は 2 勝 5 敗だった。
　4　C チームの A チームとの対戦結果は 2 勝 5 敗だった。
　5　D チームの B チームとの対戦結果は 5 勝 3 敗だった。

（警視庁警察官　2019 年度）

この設問は 🖙 **試合数や勝ち数、負け数から推理する問題です。**

 解くための下ごしらえ

条件をメモの形にしましょう。

> ア　A は 12 勝 8 敗　　C と 7 回対戦
> イ　B は 9 勝 7 敗　　C に 3 試合負け越し
> 　　 D に 2 試合勝ち越し
> ウ　C は 7 勝 10 敗　　D に 2 勝 3 敗
> エ　D は 8 勝 11 敗　　A と 8 回対戦

目のつけ所！

本問は、勝ち負けではなく、**何勝したか（何敗したか）** を推理する問題です。

このような場合も、リーグ戦と同じように、**勝敗表**を活用することができます。たとえば、条件ウに「CはDに2勝3敗」とありますから、C対D戦の結果は次のように記入します。

	A	B	C	D	計
A					
B					
C				2	
D			3		
計					

そうすると、表の各**行**の合計は、各チームの**勝ち数**、各**列**の合計は各チームの**負け数**を表します。

これはすべてのチームについてわかっていますので、記入できます。

ここに注目！

選択肢を見ると、すべて「○チームの○チームとの対戦結果は○勝○敗だった」になっています。
何が問われているのか、まず見極めましょう。

ちょっと
ヒトコト
「行」は横、「列」は縦です。

ア　Aは12勝8敗　Cと7回対戦
イ　Bは9勝7敗　Cに3試合負け越し　Dに2試合勝ち越し
ウ　Cは7勝10敗　Dに2勝3敗
エ　Dは8勝11敗　Aと8回対戦

	A	B	C	D	計
A					12
B					9
C				2	7
D			3		8
計	8	7	10	11	36

しかし、それぞれの組合せの勝ち数や負け数は、

C 対 D 戦以外はわかりませんね。
あとは、**条件イの後半の部分をどのように使う**
かがポイントとなります。

最短で解く方法

条件ア、ウ、エの後半に対戦回数が書いてある
ので、わかっている対戦回数を整理します。

ア　A は 12 勝 8 敗　　C と 7 回対戦

ウ　C は 7 勝 10 敗　　D に 2 勝 3 敗

エ　D は 8 勝 11 敗　　A と 8 回対戦

A 対 C　→　7 回

C 対 D　→　5 回

A 対 D　→　8 回

ここには B が出てきませんが、これらの情報
から、B についても算出できます。

A は 12 勝 8 敗で 20 回試合をしています。C と
7 回、D と 8 回対戦しているということは、残
る **B** とは、

20 − 7 − 8 = **5 回**です。

C は 7 勝 10 敗で 17 回試合をしていますから、
B とは、

17 − 7（A との対戦）− 5（D との対戦）= **5 回**

D は 8 勝 11 敗で 19 回試合をしていますから、
B とは、

19 − 5（Cとの対戦）− 8（Aとの対戦）＝**6回**

以上と、条件イを合わせて考えてみましょう。

**イ　Bは9勝7敗　Cに3試合負け越し　Dに
2試合勝ち越し**

Bは、Cとの対戦回数が**5回**で、Cに**3試合負**
け越していますので、**1勝4敗**ということにな
ります。

また、Bは、Dとの対戦回数が**6回**で、Dに**2**
試合勝ち越していますので、**4勝2敗**というこ
とになります。

ここまでを、表に整理します。

	A	B	C	D	計
A					12
B			1	4	9
C		4		2	7
D		2	3		8
計	8	7	10	11	36

あとは、合計から引き算すれば、すべて算出で
きます。

	A	B	C	D	計
A		1	6	5	12
B	4		1	4	9
C	1	4		2	7
D	3	2	3		8
計	8	7	10	11	36

これより、正解は選択肢2です。

2　BチームのAチームとの対戦結果は4勝1
敗だった。

正解　2　

これを計算すると…

どこから計算してもいいのです
が、まずAの行から始める
と、Bに何勝しているかは、B
の列の合計が7で、他が4と
2とわかっているので、
7−(4＋2)＝1とわかります。
AがCに何勝しているか、D
に何勝しているかも、同様に
計算できます。
次に、Aの列のほうは、まず
Bに何敗しているかは、Bの行
の合計が9で、他が1と4と
わかっているので、
9−(1＋4)＝4とわかります。
Cに何敗しているか、Dに何
敗しているかも、同様に計算
できます。

おさらい

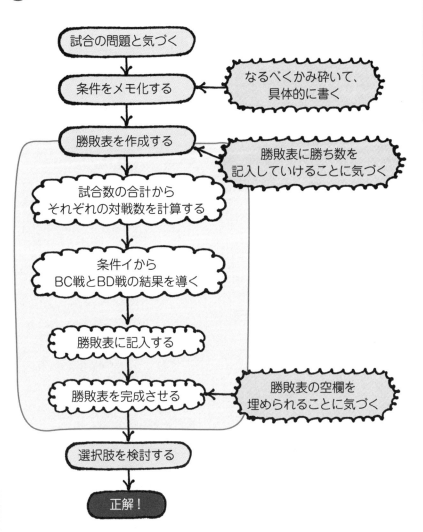

😄 **勝者の解き方！**

試合の問題と気づく

↓

条件をメモ化する ← なるべくかみ砕いて、具体的に書く

↓

勝敗表を作成する ← 勝敗表に勝ち数を記入していけることに気づく

↓

試合数の合計からそれぞれの対戦数を計算する

↓

条件イからBC戦とBD戦の結果を導く

↓

勝敗表に記入する

↓

勝敗表を完成させる ← 勝敗表の空欄を埋められることに気づく

↓

選択肢を検討する

↓

正解！

7

敗者の落とし穴！

⚠ 勝敗表を使えることに気づかない。あるいは、使い方がわからない。

⚠ 試合数からそれぞれの対戦数がわかることに気づかず行き詰まる。

⚠ 条件イの BC 戦、BD 戦の結果を導くことができない。

⚠ 表を完成させられず、正解にたどり着けない。

数量推理

★★★➔

数字に強くなると、イイことがたくさんある♪

ヒャッハー！！

……もう
『そうよ！』って
言っておこうかな

数字に強くなると
いいことがあるって
ナンバーズやロト6が
当たったりするってこと!?

§8 数量推理

頻出度 ★★★☆

判断推理の中では数学的

　数量条件から推理する問題で、**数的推理の整数分野の文章問題と少し似た雰囲気があります**。

　数的推理の問題ほど数字が主張しているわけではありませんが、数字アレルギーの人にとっては、判断推理の中では最も苦手とする分野だと思います。

国家公務員全般でよく出る！

　出題率にはやや波があり、ここ数年はやや少なめですが、年によって多く出題されることもあります。

　このタイプをよく出すのは、国家公務員全般で、数字の組合せを考えさせる良問がよく出題されています。

カード問題などの題材が多い

　問題の題材としては、**カードを使った問題などが多い**ですが、題材であるだけで、中身は様々です。

　設定や題材がどうであれ、求められるのは「**条件を満たす数字の組合せ**」を頑張って探すということで、数的推理の整数問題と比べると、コツコツとした作業が中心になります。

　大切なのは、**いかに条件を整理し、それを頭から離さないで数字を見つけるか**ということで、冷静な判断力が求められます。

数的推理にも通じる力がつく！

　この分野の問題を数多く練習することで、判断推理全体の力はもとより、**数的推理にも通じる力が養成されます**。

　判断推理の中で最も力を入れて勉強する価値のある分野であると思います。

8

おさえておくべき 重要問題 の紹介

重要問題 1 **表に整理するタイプ** ☀☀☀☀ ☞ P210

⟹ 数量推理の最も基本的なパターン！

重要問題 2 **カードの分配** ☀☀☀☀ ☞ P217

⟹ 条件を満たすようカードを分配する頻出パターン！

重要問題 3 **重複しない数字の組合せ** ☀☀☀☀ ☞ P223

⟹ 多くの問題に見られる条件のパターンです！

8

ここが ポイント！ 単純な条件ほど大事な意味を持つことが多いのは、判断推理の問題全般に言えることですが、この分野では特に重要になります！

たとえば、「各人の数字は異なる」など、さりげない条件を頭から離すと、とんでもないことになる場合が多いです。

A～Dの4人は花屋で10本ずつ花を購入した。各自の購入状況のうち、以下のことがわかっているとき、確実にいえることとして、最も妥当なのはどれか。

ア：4人はバラ、ガーベラ、チューリップ、ユリの4種類の花のうち、どの種類も1本以上購入し、4人合わせてバラは13本、ガーベラは12本、チューリップは8本、ユリは7本購入した。

イ：4人が購入したバラの本数はそれぞれ異なっていた。

ウ：Aが購入したバラの本数とBが購入したガーベラの本数は等しかった。

エ：Bが購入したチューリップの本数とDが購入したチューリップの本数は等しかった。

オ：Bが購入したガーベラの本数は、単独で最も多かった。

カ：Cが購入したバラの本数は、単独で最も多かった。

キ：Dが購入したユリの本数は、単独で最も少なかった。

1　Aはバラを5本購入した。

2　Bはチューリップを1本購入した。

3　Cはバラを6本購入した。

4　Cはガーベラを2本購入した。

5　Dはガーベラを4本購入した。

（警視庁警察官　2019年度）

この設問は 🐾 **数量推理の最も基本的なパターンです。**

 解くための下ごしらえ

文章題と条件を、わかりやすいメモの形にしましょう。

A ～ D　10本ずつ
ア　A ～ D いずれも 1 本以上
　　バラ 13 本　ガーベラ 12 本　チューリッ
　　プ 8 本　ユリ 7 本
イ　バラの本数は異なる
ウ　A のバラ＝ B のガーベラ
エ　B のチューリップ＝ D のチューリップ
オ　B のガーベラ→単独最多 ————
カ　C のバラ→単独最多
キ　D のユリ→単独最少

「単独で最も多かった」というのは、他の人たちより最も多い本数であり、他に同じ本数の人はいなかったということです。
同じく、「単独で最も少なかった」というのは、他の人たちより最も少ない本数であり、他に同じ本数の人はいなかったということです。

目のつけ所！

A ～ D の 4 人と、4 種類の花が登場します。
その 4 × 4 で**対応表**を作成し、各々が購入した花の本数を書き入れていきましょう。
なお、このような、表に数字を記入する問題は、合計欄が必須です。
条件を満たす数が限定される箇所に着目して、効率よく表を埋めていきましょう。

最短で解く方法

対応表を作成します。
まず、
A ～ D　10本ずつ
ア　A ～ D いずれも 1 本以上
　　バラ 13 本　ガーベラ 12 本　チューリッ
　　プ 8 本　ユリ 7 本

という条件を、対応表の合計欄に記入します。

	バラ	ガー	チュー	ユリ	計
A					10
B					10
C					10
D					10
計	13	12	8	7	40

次に、条件のウとエで、

ウ　Aのバラ＝Bのガーベラ

エ　Bのチューリップ＝Dのチューリップ

ということがわかっています。

AのバラとBのガーベラは同じ本数なのですから、x本ということにして表に記入しましょう。

BとDのチューリップも同じ本数ですから、y本として表に記入しましょう。

これがコツ！

AのバラとBのガーベラは、まだ何本なのかはわかりませんが、せっかく同じ本数なのですから、ひとつの未知数にしておこう、ということです。BとDのチューリップの本数に関しても同じことです。

便利なやり方！

x、yは端に小さく書いておけば邪魔になりませんし、数がわかったときにイチイチ消さずにすみます。また、xやyの代わりに、大きな〇や□を記入しておくという方法もあります。その場合は数がわかったら〇や□の中に書くのです。

	バラ	ガー	チュー	ユリ	計
A	x				10
B		x	y		10
C					10
D			y		10
計	13	12	8	7	40

次に「単独最多」や「単独最少」という条件から、わかるところがないか探します。

ユリは合計が7本です。

ア　A〜Dいずれも1本以上

キ　Dのユリ→単独最少

という条件から考えると、Dが1本のとき、A〜Cはいずれも2本以上ということになります。

でも、**A2本、B2本、C2本、D1本**で、もう合計7本になります。

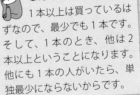
なんでこうなるの？

1本以上は買っているはずなので、最少でも1本です。そして、1本のとき、他は2本以上ということになります。他にも1本の人がいたら、単独最少にならないからです。

つまり、A ～ D のユリの本数は、これ以外に
ありえないということです。

	バラ	ガー	チュー	ユリ	計
A	x			2	10
B		x	y	2	10
C				2	10
D			y	1	10
計	13	12	8	7	40

オ　B のガーベラ→単独最多

カ　C のバラ→単独最多

ガーベラは全部で 12 本を A ～ D の 4 人で買っ
たわけで、1 人平均 3 本なので、単独最多の **B
は 4 本以上**ということになります。

そうすると、

ウ　A のバラ＝B のガーベラ

なので、**A のバラも 4 本以上**です。

仮に A のバラが 5 本以上だとすると、

カ　C のバラ→単独最多

なので、C のバラは A のバラより多くなけれ
ばならず、6 本以上ということになります。

しかし、それだと、A と C だけでバラは 11 本
以上になってしまいます。

バラが合計で 13 本ですから、残る B と D のバ
ラは最多でも 1 本ずつとなり、条件イに反しま
す。

イ　バラの本数は異なる

つまり、A のバラが 5 本以上ということはあり
ません。

**A のバラ（＝B のガーベラ）は 4 本に決まり
ます。**

? なんでこうなるの？
B が平均の 3 本以下だ
と、単独最多はありえないか
らです。
たとえば、B が 3 本だとすると、
他の A、C、D に 12 本をどう
振り分けても、B が単独最多
にはなりません。

8

	バラ	ガー	チュー	ユリ	計
A	x 4			2	10
B		x 4	y	2	10
C				2	10
D			y	1	10
計	13	12	8	7	40

A のバラが 4 本ということは、

カ　C のバラ→単独最多

なので、C のバラは 5 本以上です。

バラは全部で 13 本なので、B と D のバラは合わせて 4 本以下です。つまり、**それぞれ 3 本以下**です（全員が 1 本以上は買っているはずなので）。

また、B のガーベラが 4 本ということは、

オ　B のガーベラ→単独最多

なので、A、C、D のガーベラも、**それぞれ 3 本以下**です。

B と D のチューリップも、**それぞれ 3 本以下**です。

以上のことから、D の行に着目すると、合計 10 本で、ユリが 1 本で、他のバラ、ガーベラ、チューリップいずれも 3 本以下なので、**それぞれ 3 本に決まります**。

B のチューリップも同じ y なので、**3** とわかります。

なんでこうなるの？
4 本だと、それだけで合計の 8 本になってしまって、A と C がゼロになるからです。

なんでこうなるの？
合計 10 本－ユリ 1 本＝9 本
バラ、ガーベラ、チューリップで合計 9 本。そして、いずれも 3 本以下なのですから、すべて 3 本しかありえません。たとえば、もしバラが 2 本なら、ガーベラかチューリップが 4 本になってしまいます。

ここに注目！
なかなか気づかないかもしれませんが、ここが本問の一番のポイントになります！
表の縦の列を見たり、横の行を見たりして、わかるところがないか、考えてみることが大切です。

	バラ	ガー	チュー	ユリ	計
A	x 4			2	10
B		x 4	y 3	2	10
C				2	10
D	3	3	y 3	1	10
計	13	12	8	7	40

チューリップの合計は8本なので、残るAとCは**各1本**とわかります。

	バラ	ガー	チュー	ユリ	計
A	x 4		1	2	10
B		x 4	y 3	2	10
C			1	2	10
D	3	3	y 3	1	10
計	13	12	8	7	40

あとは、引き算ですべてわかります。

	バラ	ガー	チュー	ユリ	計
A	x 4	3	1	2	10
B	1	x 4	y 3	2	10
C	5	2	1	2	10
D	3	3	y 3	1	10
計	13	12	8	7	40

よって、正解は選択肢4です

4　Cはガーベラを2本購入した。

正解　4

これを計算すると…

Aのガーベラは、Aの合計本数が10本で、バラ4本、チューリップ1本、ユリ2本なので、10−(4+1+2)=3本

そうすると、残るCのガーベラは、ガーベラが全部で12本で、A3本、B4本、D3本なので、12−(3+4+3)=2本

Bのバラは、Bの合計本数が10本で、ガーベラ4本、チューリップ3本、ユリ2本なので、10−(4+3+2)=1本

Cのバラは、Cの合計本数が10本で、ガーベラ2本、チューリップ1本、ユリ2本なので、10−(2+1+2)=5本

おさらい

😄 勝者の解き方！

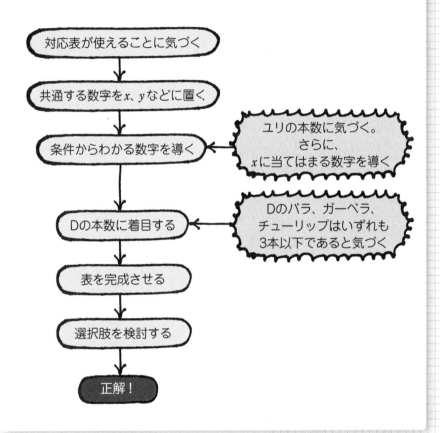

```
対応表が使えることに気づく
        ↓
共通する数字をx、yなどに置く
        ↓
条件からわかる数字を導く  ← ユリの本数に気づく。
        ↓                  さらに、
                           xに当てはまる数字を導く
D の本数に着目する  ← Dのバラ、ガーベラ、
        ↓              チューリップはいずれも
                        3本以下であると気づく
表を完成させる
        ↓
選択肢を検討する
        ↓
     正解！
```

😣 敗者の落とし穴！

- 💧 対応表が使えることに気づかない。
- 💧 ユリの本数がすぐに出せることに気づかない。
- 💧 条件オ～キの使い方がわからず、先へ進めない。
- 💧 Dの本数に着目できず、行き詰まる。

重要問題 2　カードの分配

9枚のカードがあり、表面に2〜10までの数字がそれぞれ書かれている。この9枚のカードを3枚ずつに分け、A、B、Cの3人に配った。3人が次のように述べているとき、確実にいえるものはどれか。

A「私が持っている3枚のカードの和は、偶数である。」

B「私が持っている3枚のカードの積は、奇数である。」

C「私が持っている3枚のカードの和は、13である。また、3枚のカードの積は3の倍数であるが、9の倍数ではない。」

1　Aは6のカードを持っている。
2　Bは3のカードを持っている。
3　Bは7のカードを持っている。
4　Cは5のカードを持っている。
5　Cは8のカードを持っている。

（裁判所職員　2021年度）

この設問は 🖙 **条件を満たすようカードを分配する頻出パターンです。**

 解くための下ごしらえ

文章題を、わかりやすいメモの形に変えましょう。

> 2〜10が各1枚
> A、B、Cに3枚ずつ配った
> A→3枚の和は偶数
> B→3枚の積は奇数
> C→3枚の和は13、積は3の倍数だが9の倍数ではない

目のつけ所！

カードは限られていますので、重複（同じ数字のカードを複数の人が持っている）のないように、条件を満たす組合せを探します。

9枚のうち偶数は5枚、奇数は4枚です。

ポイントは**奇数の4枚が誰に配られたか**です。

最短で解く方法

A → 3枚の和は偶数

和が偶数になるのは、3枚とも偶数か、2枚が奇数のときです。

Aのカードは**（偶数，偶数，偶数）**または**（偶数，奇数，奇数）**です。

B → 3枚の積は奇数

かけ算では、ひとつでも偶数があったら、答えは偶数になります。

なので、積が奇数ということは、3枚のカードがすべて奇数ということです。

Bのカードは**（奇数，奇数，奇数）**です。

全部で4枚の奇数のうち、3枚をBが持っているということがわかります。

C → 3枚の和は13

和が13で奇数です。つまり、**1枚は奇数がある**ということです。

全部で4枚の奇数のうち、3枚はBが持ってい

> **？ なんでこうなるの？**
> 偶数は、いくつ足しても偶数のままです。
> 奇数は、奇数に奇数を足すと偶数になり、さらに奇数を足すと奇数になり、さらに足すと偶数になり……というくり返しになります。

> **？ なんでこうなるの？**
> 偶数とは2で割り切れる数です。
> ある整数に（それが奇数でも偶数でも）、偶数（2で割り切れる数）をかければ、当然、その答えも2で割り切れます。つまり偶数になります。

るので、残りの1枚をCが持っているということがわかります。

ということは、Aは奇数のカードを持ってないので、
Aは（偶数，偶数，偶数）
と確定します。
Cは（偶数，偶数，奇数）の組み合わせです。

C →積は3の倍数だが9の倍数ではない

積が3の倍数ということは、3、6、9のうちいずれかのカードを持っています。

しかし、積は9の倍数ではないので、9のカードは持っていません。また、3と6の両方を持っているということもありません。
ですので、**3と6の1枚のみを持っている**ことになります。

Cが3のカードを持っているとしたら、3枚の和は13ですから、**他の2枚の偶数の和は10**です。
6を除くと、残る偶数のカードは、2、4、8、10ですから、このうちの2枚で和が10になるのは**2と8の組合せ**のみです。
つまり、Cが3のカードを持っているとしたら、あり得る組合せは**（2，3，8）**のみです。

Cが6のカードを持っているとしたら、3枚の和は13ですから、**他の2枚の和は7**です。
3と9を除くと、残るカードは、2、4、5、7、8、10ですから、このうちの2枚で和が7になるのは**2と5の組合せ**のみです。

なんでこうなるの？

3と6を両方持っていたら、3×6＝18で、9の倍数になってしまいます。
（カードは3枚ですが、18に何をかけても、18の倍数ですから、9の倍数です）
9の倍数にならないように気をつけましょう。

つまり、Cが6のカードを持っているとしたら、あり得る組合せは（2，5，6）のみです。

というわけで、**C は（2，3，8）（2，5，6）の**
いずれかということがわかります。
両方の場合について、それぞれ考えてみましょう。

（2，3，8）の場合

2	3	4	5	6	7	8	9	10
C	C					C		

便利なやり方！

面倒なようでも、このようにカードを固定した表を書くと、カードの重複ミスが防げますし、結果的に早いです。

Bの奇数3枚は5、7、9ということになります。
残りの偶数3枚は A ということに。

〈表1〉

2	3	4	5	6	7	8	9	10
C	C	A	B	A	B	C	B	A

（2，5，6）の場合

2	3	4	5	6	7	8	9	10
C			C	C				

Bの奇数3枚は3、7、9ということになります。
残りの偶数3枚は A ということに。

〈表2〉

2	3	4	5	6	7	8	9	10
C	B	A	C	C	B	A	B	A

（2，3，8）の場合と（2，5，6）の場合の、完成した2つの表と、選択肢を見比べてみましょう。

1　Aは6のカードを持っている。

→表1では○で、表2では×です。なので、この選択肢は×です。

2　Bは3のカードを持っている。

→表2では○で、表1では×です。なので、この選択肢は×です。

3　Bは7のカードを持っている。

→両方の表で○です。なので、この選択肢は○です。

4　Cは5のカードを持っている。

→表2では○で、表1では×です。なので、この選択肢は×です。

5　Cは8のカードを持っている。

→表1では○で、表2では×です。なので、この選択肢は×です。

正解 3　**正解！**

おさらい

😆 勝者の解き方！

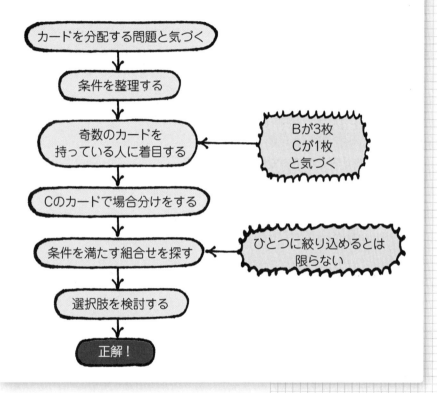

カードを分配する問題と気づく

↓

条件を整理する

↓

奇数のカードを
持っている人に着目する ← Bが3枚
Cが1枚
と気づく

↓

Cのカードで場合分けをする

↓

条件を満たす組合せを探す ← ひとつに絞り込めるとは
限らない

↓

選択肢を検討する

↓

正解！

💀 敗者の落とし穴！

- 「2～10」という条件を忘れ、「1」を入れてしまう。
- いきなりAの持っているカードから場合分けをして、余計な作業をする。
- それぞれの条件を満たす組合せだけを考えて、重複に気づかない。
- 和が偶数になる組合せ、積が奇数になる組合せを考えられない。
- Cのカードの積が9の倍数にならないという条件を見逃して、(3, 4, 6)
  の場合を考えてしまう。

重複しない数字の組合せ

　A〜Eの5人が、赤又は白の布地に1〜9の相異なるいずれかの数字が書かれたゼッケンをつけている。この5人のゼッケンの色と数字について次のことが分かっているとき、確実にいえるのはどれか。

- ○　布地が赤の者は3人であり、白の者は2人である。
- ○　Bのゼッケンの布地は赤であり、Dの布地は白である。
- ○　BとCのゼッケンの数字の合計は7である。また、DとEのゼッケンの数字の合計は13である。
- ○　赤の布地に書かれた数字はいずれも5以上である。
- ○　ゼッケンの数字は、Eが最大でありCが最小である。また、Aのゼッケンの数字は偶数である。

1　Aのゼッケンの数字は3番目に大きい。
2　Bのゼッケンの数字は5である。
3　Cのゼッケンの数字は2である。
4　DとEのゼッケンの数字の差は5である。
5　数字が8のゼッケンの者がいる。

（国家専門職　2012年度）

この設問は 👉 **多くの問題に見られる条件のパターンなので、おさえておきましょう！**

 解くための下ごしらえ

文章題を、メモの形に変えて、情報を整理しましょう。

ゼッケンの数字は 1 ～ 9 の異なる数字
ゼッケンの色は赤と白　→　赤 3 人　白 2 人
赤の数字は 5 以上　白はなんでも OK

A　→　偶数
B　→　赤
C　→　最小　　B + C = 7
D　→　白
F　→　最大　　D + E = 13

目のつけ所！

詳しくは「最短で解く方法」のところで説明しますが、

赤のゼッケンの数字は 5 以上なので、条件より、C のゼッケンが白であることがすぐにわかります。

そうすると、全員のゼッケンの色がわかりますので、赤のゼッケンをつけている者の数字を考えていきましょう！

選択肢を見ると、数字の話しか出てきません。色の話は出てきません。「じゃあ、数字のことだけ考えればいいんだな」と思ってしまいがちですが、そうではありません。

最終的には数字を推理しなければならないというのはその通りですが、そのためには、まず色から考え始めないといけません。

落とし穴！

A を割り出すためには、A から考え始めたら無理で、B から考え始めないと解けない。
こういうパターンは、全般にとても多いです。
設問に出てくる条件はフル活用しないと解けないようになっているので、選択肢に数字しか出てこないからといって、数字のことだけ考えようとすると解けなくなります。

最短で解く方法

B → 赤

なので、Bは5以上の数字です。

> **B + C = 7**

ということは、**Cは2以下の数字**ということになります。

つまり、Cは白です（赤は5以上なので）。

白2人

で、

D → 白

はすでにわかっているので、Cが白とわかり、これで白2人が確定します。

白はCとDです。

残りの **A、B、E は赤**ということになります。

A → 偶数

で5以上なので、**Aは6か8**です。2つにまで絞り込めます。

> **B + C = 7**

でCはすでにわかっているように1か2なので、BとCの組合せは次の2つが考えられます。

(B、C) → (6、1) or (5、2)

> **D + E = 13**

で、Eは赤なので5以上。しかも、

E → 最大

なので、Aが6か8ということは、**Eは確実に
7以上**です。

そうすると、DとEの組合せは、次の3通りが
考えられます。

(D、E) → (6、7) or (5、8) or (4、9)

Aが8の場合は、Eは
9に確定するので、
(D、E) → (4、9)
のみの組合せとなります。

以上、わかったことから、**A～Eの数字のあり
うる組合せを考えてみましょう！**

ここに注目！

ここが大切なポイントです！
数量推理の問題では、この作
業が多い！
これをせずに、いきなり選択
肢を選ぼうとしても、混乱し
てしまいます。

まず、Aが6の場合を考えてみましょう。

A	B	C	D	E
6				

(B、C) → (6、1) or (5、2)
ですが、Aが6なので、(6、1) はありえなく
なり、**(5、2)** に確定します。

A	B	C	D	E
6	5	2		

(D、E) → (6、7) or (5、8) or (4、9)
に関しても、6と5はすでに使われているので、
残る **(4、9)** に確定します。

A	B	C	D	E
6	5	2	4	9

Aが6の場合はこの1通りしかありません。

次に、Aが8の場合を考えてみましょう。

A	B	C	D	E
8				

E　→　最大

なので、Aが8のときはEは9に確定で、

(D、E)　→　**(4、9)**

に決まります。

A	B	C	D	E
8			4	9

BとCに関しては、

(B、C)　→　**(6、1) or (5、2)**

この2つのどちらもありえます。

つまり、Aが8の場合は、次の2通りがありえます。

A	B	C	D	E
8	6	1	4	9
8	5	2	4	9

先のAが6の場合と合わせて、全部で次の3通りがあることになります。

A	B	C	D	E
6	5	2	4	9
8	6	1	4	9
8	5	2	4	9

それでは、選択肢を検討してみましょう。

1　Aのゼッケンの数字は3番目に大きい。

そんなことはありませんね。

2　Bのゼッケンの数字は5である。

5の場合もありますが、6の場合もあるので、「確

実にいえる」ことではありません。

3　Cのゼッケンの数字は2である。

これも2の場合もありますが、1の場合もあります。

4　DとEのゼッケンの数字の差は5である。

Dはつねに4、Eはつねに9で、その差はつねに5です。なので、これは確実にいえます。

5　数字が8のゼッケンの者がいる。

Aが6の場合は、8のゼッケンの人はいません。

正解　4　**正解！**

裏ワザで解く！

B＋C＝7

という条件があります。

そして、
2　Bのゼッケンの数字は5である。
という選択肢があります。
もしこの選択肢が正解だとしたら、**Cは2**ということになります。

ところが、
3　Cのゼッケンの数字は2である。

という選択肢もあります。
こちらも正しくなってしまいます！

選択肢2と3は、2が正しければ3も正しく、
3が正しければ2も正しいという関係なのです。
**正解はひとつだけですから、つまり、両方とも
×ということです。**

選択肢2と3は、最初から消去できる選択肢と
いうことです。

残る選択肢1、4、5に着目すると、
選択肢1　→　Aが3番目以外の可能性があれ
ば消去
選択肢4　→　（D、E）＝（4、9）以外の可能
性があれば消去
選択肢5　→　8の者がいない可能性があれば
消去

A＝6 or 8なので、Aが6の場合を考えてみ
ると、

A	B	C	D	E
6	5	2	4	9

とわかります。
**もうこれだけで、選択肢1と選択肢5は×とわ
かります。**

つまり、Aが8の場合について考えるまでもな
く、正解は4とわかるのです。

おさらい

😄 勝者の解き方！

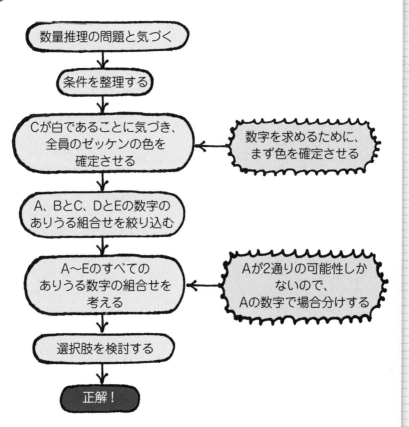

数量推理の問題と気づく

↓

条件を整理する

↓

Cが白であることに気づき、全員のゼッケンの色を確定させる ← 数字を求めるために、まず色を確定させる

↓

A、BとC、DとEの数字のありうる組合せを絞り込む

↓

A〜Eのすべてのありうる数字の組合せを考える ← Aが2通りの可能性しかないので、Aの数字で場合分けする

↓

選択肢を検討する

↓

正解！

😖 敗者の落とし穴！

💧 C が白であることに気づかず、ゼッケンの色を確定できない。

💧 赤→5以上から、白→4以下と勘違いしてしまう。

💧 E が最大であることを忘れて、(D、E) の組合せをたくさん考えてしまう。

💧 数字が重複しないことを忘れて、たくさんの組合せを考えて混乱する。

9

図形の分割と構成

★★★⌐

センス < テクニック < 地味な作業

§9 図形の分割と構成 頻出度 ★★★☆

センスは必要ない！ 基本テクニックと地道な作業で充分！

図形の構成を考えたり、分割してみたり、図形自体の造りを考える問題です。図形の内部の様子や、見えない部分を想像することができれば、それに越したことはありません。

しかし、そのような感性（センス）が要求される問題かというと、そうではありません（この分野に限らず、空間把握全体に言えることです）。

というのも、数学者になる試験でも、建築家になる試験でもなく、公務員になるための試験だからです。

一番大事なのは、立体を平面化するなどの基本テクニック（重要問題3の『1段スライス』など）と、**一生懸命数える**（重要問題1、3）などの**ゴリゴリした作業をいかに速く正確にこなすか**ということになります。

図形は苦手とする人が多いですが、**図形に関するセンスは必要ないのです！** 苦手意識のせいで敬遠しないようにしましょう。

東京都・特別区・警視庁・国家・地方上級で出る！

東京都、特別区、警視庁では割と典型的な問題が多く出題されていますので、基本をしっかり押さえておけば得点源になります。

国家一般職や専門職では、やや変わった傾向の問題がよく出題されていますので、柔軟な考え方ができるよう、色々な問題をこなして鍛えておく必要があります。

地方上級でも、変わった問題が出題されていますが、それほど難しくはありませんので、落ち着いて作業できるようにしておきましょう。

おさえておくべき 重要問題 の紹介

重要問題 1 図形の個数 ●●● ☞ P245

⇒ 図形の個数を数えます。速さと正確さが大事です!

重要問題 2 折り紙 ●●● ☞ P252

⇒ 昔から出題されている古典的な問題。必ず得点源になります!

重要問題 3 積み木 ●●●●● ☞ P259

⇒ 1段スライスというテクニックを使います!

重要問題 4 投影図 ●●●● ☞ P264

⇒ 積み木の投影図の問題。平面図に整理します。

9

ここがポイント!　ひらめきもセンスも必要ありません!

・ 必要なテクニックを覚え、使いこなすこと

・ 問題の内容をきちんと把握し、図形ときちんと向き合って、正確に作業すること

この2つが大切です。

問題を解いているうちに、特徴をとらえるコツも身についてきますので、「勉強してもムダ」ということは決してない分野です。

これだけは知っておきたい基礎知識

✏️ 図形の数のかぞえ方

✏️ 図形の数のかぞえ方

例題

　次の図のように、同じ大きさの12個の正方形を組み合わせてつくった図形がある。この中に長方形はいくつかあるか？（ただし、正方形は含まない）

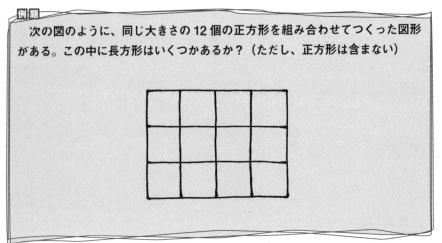

　こういう問題に慣れている人なら、「ああ、あのパターンの問題ね」とすぐにわかります。

　でも、こういう問題を初めて見る人の場合、「『この中に長方形はいくつかあるか』ってどういう意味？」となるのが当然で、そこでもう、つまずいてしまいます。

　そういうことのないよう、どういう意味なのかを、ここで説明しておきます。

　普通に考えると、長方形は、全体の1個だけと思う人もいるでしょう。

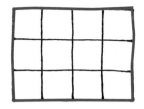

あるいは、縦1横2の長方形で区切ると、6個となり、これでもう面積を使い切っているので、これで終わりと思う人もいるでしょう。

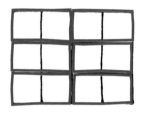

でも、もちろん、そんな簡単なことは問われません。
こういう問題で問われているのは、

たとえば、こういう長方形も、

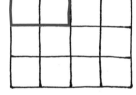

こういう長方形も、

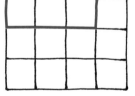

こういう長方形も、

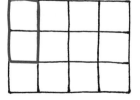

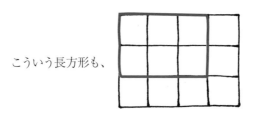

こういう長方形も、

　すべて長方形だから、こういうのがこの図の中にいったいいくつあるのか？
ということです。
　つまり、面積的には重複しまくることになります。

　こういう問題を解くときの難しさは2つあります。
・いったいどういう長方形があるのか、その種類をすべて見つけ出すこと
・それぞれの種類の長方形をすべてちゃんと数えあげること
の2つです。

　具体的な解き方としては、
（1）まず、図形の向きが何種類あるかを考えます。
　この問題の長方形の場合は、

・**横向きの長方形**（縦より横の長い長方形）

・**縦向きの長方形**（横より縦の長い長方形）

の2種類です。
　斜めはありませんから、この2種類だけです。

（2）次に、向きごとに、すべてのバリエーションを考えます。
　まずは、「**横向きの長方形（縦より横の長い長方形）**」のバリエーションをす
べて羅列してみましょう。

　縦が1の長方形は、

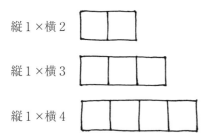

縦 1 × 横 2

縦 1 × 横 3

縦 1 × 横 4

　図は横が 4 までなので、ここまでですね。

　次は縦を 2 に増やします。

縦 2 × 横 1

　これは「縦向きの長方形（横より縦の長い長方形）」になるので、後で別に考えます。ここでは「横向きの長方形（縦より横の長い長方形）」だけをまず考えます。**いっぺんに両方を考えようとすると混乱するので、やめましょう。**

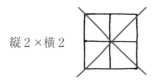

縦 2 × 横 2

　これは正方形になるので除外です。

　設問に「ただし、正方形は含まない」とあるのは、こういうものを数に入れないということです。正方形も、長方形の一種ですから。1 × 1 も同じ理由で除外です。

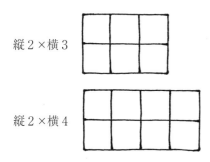

縦 2 × 横 3

縦 2 × 横 4

次は縦を3に増やします。

縦3×横1や縦3×横2はここでは考えません（先にも述べたように、ここでは「横向きの長方形（縦より横の長い長方形）」だけをまず考えます）。

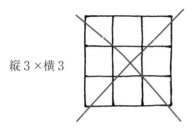

縦3×横3

これも正方形なので、除外。

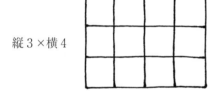

縦3×横4

これで全体なので、ここまでです。

次に**「縦向きの長方形（横より縦の長い長方形）」**のほうのバリエーションを考えます。

まず横が1で、縦を増やしていきます。

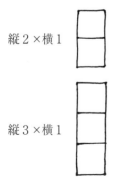

縦2×横1

縦3×横1

縦は 3 までなので、ここまで。

次は横を 2 に増やします。
縦 2 × 2 は正方形なのでナシ。

縦 3 × 横 2

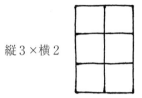

次は横を 3 に。
「縦向きの長方形（横より縦の長い長方形）」なので、2 × 3 はここでは考えません（すでに「横向きの長方形（縦より横の長い長方形)」のほうで考えています）。

縦 3 × 横 3
これは正方形なのでナシ。

縦は 3 までなので、4 はないので、これで終了です。

(3) すべての長方形について、それぞれ数をかぞえます。
いよいよ数えあげです。

縦 1 × 横 2

これはいくつあるでしょうか？
次のように 6 つだと思ったら、間違いです。

やってしまいがちなミスなので、ここに注意しましょう！

を敷き詰めていくつもりで並べたのではダメなのです！

そうではなく、正方形 **1 個分ずつズラして**数えましょう。
どういうことかというと、

上のように、1 個ズラした真ん中にもこの長方形があるのです！
これを忘れないように！

つまり、□□ の数は、全部で 9 個。

「横に 1 つずつズラして数えていき、縦にも 1 つずつズラして数えていく」
　これがミスしない数え方なので、覚えておいてください。

縦1×横3　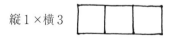

これも正方形 1 個分ずつズラしながら、数えましょう。

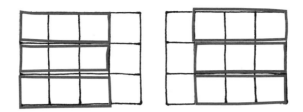

全部で **6 個**です。

縦 1 × 横 4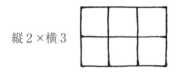

これはもう単純に **3 個**ですね。

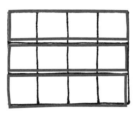

縦 2 × 横 3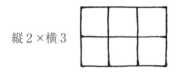

これも「横に 1 つずつズラして数えていき、縦にも 1 つずつズラして数えていく」ということをしましょう。

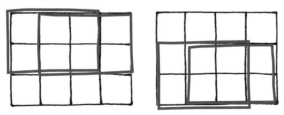

全部で **4 個**ですね。

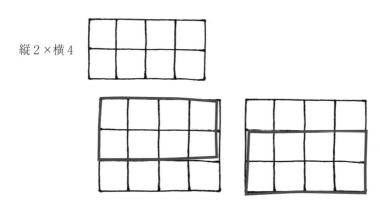

縦2×横4

2個ですね。

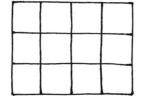

縦3×横4

これは数えるまでもなく、**1個**のみ。

縦2×横1

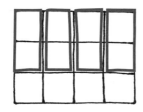 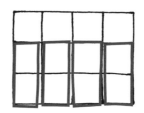

8個ですね。

縦3×横1

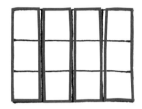

4個ですね。

縦3×横2

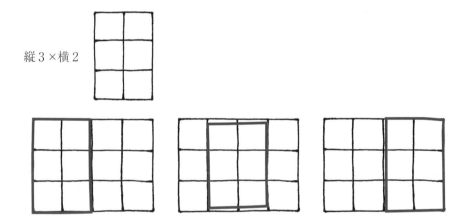

3個ですね（2個と勘違いしないように。横に1個ずつズラしていくと3個あ
ります）。

(4) すべてを合計します。

9個＋6個＋3個＋4個＋2個＋1個＋8個＋4個＋3個＝**40個**

答えは40個です。

 **ヒトコト**「こんなに地道に数えさせられてはたまらない」と思ったかも
しれませんが、こういう地道な数えあげが、基本となります。

「向きの種類を確認」
　　　↓
「向きごとに、すべてのバリエーションを考える」
　　　↓
「それぞれの数をかぞえあげる」
　　　↓
「数え方は、動かせる方向に1つずつズラしながら数える」
　　　↓
「すべてを合計する」

という手順を覚えておいて、テキパキとこなせば、意外に時間がかかりません。

 もうヒトコト　　　例題のようなキレイな長方形の場合は、本当は数えるより
も、計算で数を出したほうが速いです。

ただ、数えることが必要になってくる問題があるので、その練習のために、
あえて数える方式でやってみました。

計算で出す場合には、次のように考えます。

長方形は縦2辺と横2辺を選べば決まります。
縦は4辺、横は5辺あります。

$${}_4C_2 \times {}_5C_2 = 60$$

この60個には正方形も含まれているので、それを引きます。

正方形は1辺の長さが1が12個、1辺の長さが2が6個、1辺の長さが3が
2個ありますから、

$$60 - 12 - 6 - 2 = 40$$

が求める答えです。

次の図のように、同じ大きさの正三角形を 25 個組合わせてできた正三角形 ABC がある。この正三角形 ABC に含まれる平行四辺形の総数はどれか。

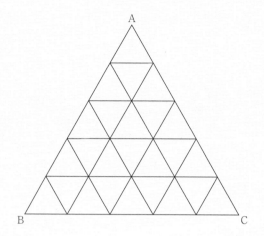

1　30

2　81

3　105

4　114

5　210

（特別区 I 類　2013 年度）

この設問は 👉 図形の個数を数えます。速さと正確さが大事です！

 解くための下ごしらえ

すでに図が与えられていますので、とくに図化するものなどはありません。

平行四辺形の向きは何種類あるか？
それぞれの向きでの個数はちがうのか？　同じ
なのか？
そのあたりに注意してみましょう！

最短で解く方法

先の「これだけは知っておきたい基礎知識」の
ところでご紹介したように、
まずは、
(1) 向きの種類を確認
しましょう。

**最小の平行四辺形は、正三角形を2つ組み合わ
せたものですね。**
それの向きが何種類あるか、図を見て確認しま
しょう。

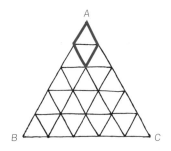

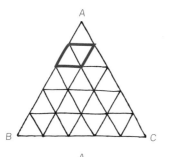

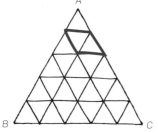

平行四辺形の向きは、この3種類がありますね。

ここで何か気づかないでしょうか？

この3種類というのは、2つの位置をズラすと、
こういうことですね。

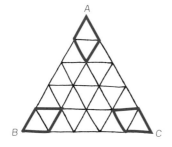

これはBが上になるようにぐるっと回しても、
Cが上になるようにぐるっと回しても同じ形で
す。

つまり、この3種類の形は、正三角形ABCの中に、**それぞれ同じ数だけあるはずです。**

ということは、**どれか1種類だけ数えあげて、それを3倍すればいいということになります！**
これで手間が3分の1に短縮されます。
こういうことに気づくことが大切です！

それでは、1種類だけに決めて、
(2) すべてのバリエーションを考える
という段階に進みましょう。

その1種類は、この形にしてみましょう。

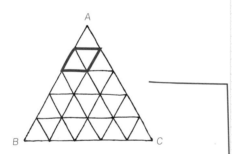

すべてのバリエーションを考えると、次のようになります。

 なんでこうなるの？

Aを上にして考えたとき、向きのちがう3種類の平行四辺形なので、別々にカウントする必要があります。
でも、実際には向きがちがうだけで、まったく同じ形。
同じ形のものが、同じ正三角形の中にいくつあるか数えあげるのですから、当然、同じ数になります。

ここに注目！

「気づくことが大切」と言われても、とても無理と思う人も多いでしょう。もちろん、最初から気づくことは無理です。
でも、こういう場合があると知っておいて、「数が同じになったりしないかな」と確認するようにしていたら、すぐに気づけるようになります。
とりあえず、こういう視点を持つようにしておいてください。

ちょっとヒトコト 別の形でもかまいません。どれか1種類を選べばいいだけです。

便利なやり方！

横に長い形と、縦に長い形は、ここでも順番で考えるようにしましょう。そのほうが抜けや間違いをしなくてすみます。

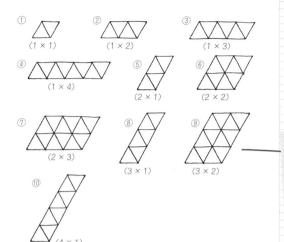

① (1 × 1)　② (1 × 2)　③ (1 × 3)

④ (1 × 4)　⑤ (2 × 1)　⑥ (2 × 2)

⑦ (2 × 3)　⑧ (3 × 1)　⑨ (3 × 2)

⑩ (4 × 1)

? なんでこうなるの？

横は最大で4個までで
すね。
縦も同じく4個までです。
4個まで延ばしたときは、1
段のみです。
ちゃんと図をなぞって考える
ようにしないと、数を勘違い
してしまうことがありますか
ら、注意してください。
なぞってやれば、間違うこと
はありません。

9

それでは、
(3) それぞれの数をかぞえあげる
をやってみましょう。
①〜⑩をそれぞれ数えます。

数え方は、
「動かせる方向に1つずつズラしながら数える」
です。

①→ 10 個

②→ 6 個

③→ 3 個

④→ 1 個

⑤→ 6 個

⑥→ 3 個

⑦→ 1 個

⑧→ 3 個

⑨→ 1 個

⑩→ 1 個

(4) すべてを合計する

合計 35 個です。

では、これを 3 倍しましょう。

$$35 \times 3 = \mathbf{105}$$

正解　3　 **正解！**

つまずきポイント！

これを忘れずに！
せっかく「1 種類だけ数えて 3
倍すればいい」と気づいても、
1 種類を数えているうちに、3
倍するのをすっかり忘れてし
まっては何にもなりません。
選択肢 1 は 30 と近い数になっ
ているので、ついひっかかっ
てしまうことも。
なお、選択肢はすべて 3 の倍
数になっています。
これは「3 倍すればいい」と
気づいたときに、3 の倍数で
ない選択肢があると、それだ
けで消去されてしまうからで
す。出題者としては、それに
気づいたくらいでは選択肢を
絞らせない方針ということで
す。なかなか厳しいです。

9

● おさらい ●

☺ **勝者の解き方！**

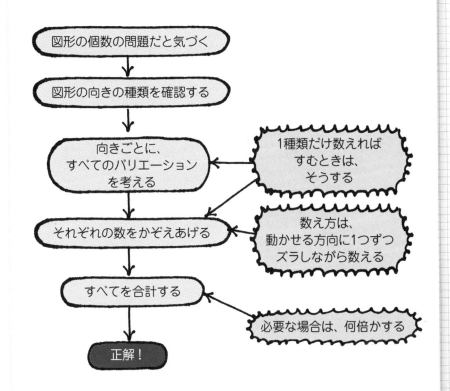

図形の個数の問題だと気づく

↓

図形の向きの種類を確認する

↓

向きごとに、
すべてのバリエーション
を考える

← 1種類だけ数えれば
すむときは、
そうする

↓

それぞれの数をかぞえあげる

← 数え方は、
動かせる方向に1つずつ
ズラしながら数える

↓

すべてを合計する

← 必要な場合は、何倍かする

↓

正解！

9

⊠ **敗者の落とし穴！**

◊ いきなり数えだして、ひたすら数えて混乱する。

◊ 形（向き）の種類を考えず一緒に数えて、ごちゃごちゃになる。

◊ 大きさのバリエーションを考えるとき、規則的に考えずに、重複や数え
漏れを起こしてしまう。

◊ 最後に3倍するのを忘れる。

下図のように正方形の折り紙を、点線部で谷折りにして矢印のように折っていき、最終図の黒く塗りつぶした部分を切り取った後、元の正方形に開くとどのような図形ができるか。

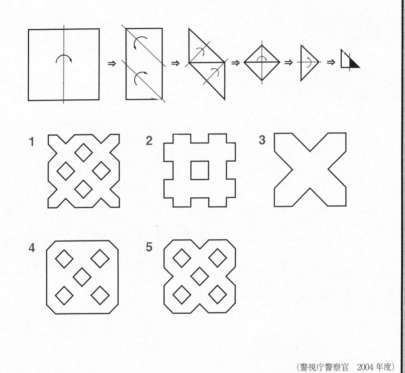

（警視庁警察官　2004年度）

この設問は 🖙 昔から出題されている古典的な問題。必ず得点源になります！

 解くための下ごしらえ

一部を切り取ると、広げたときにどういう形になるのか、まずその性質を考えておきましょう。

正方形を折っていく→一部切り取る→広げる

広げたときの切られた部分
　→折り目を対称軸とした線対称な図形となる

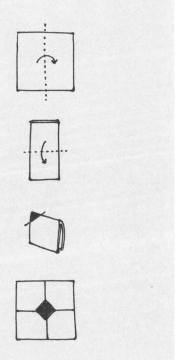

なんでこうなるの？

「折って切る」という問題は定番なので、その性質については、ここで覚えておきましょう。
「折り目を対称軸とした線対称な図形となる」
というのが大切なポイントです。
たとえば、次のように、四角い紙を四ツ折りにして、角のところを切り取ると、2つの折り目に対してそれぞれ線対称な、ひし形の穴があきます。

9

目のつけ所！

本問は、広げたときの図を描くのはそれほど大変ではありません。

しかし、**時間を節約するために、最低限の確認ですませるのがポイント**です。

たとえば「角は切られるか？」「真ん中はどうなるか？」など、わかりやすい部分の形状を気にしながら作業するといいでしょう。

最短で解く方法

広げながら、切られた部分を描いていくのが正攻法です。

ですが、その前に、

最終図（設問の図の右端のいちばん折りたたんだ状態）が、元の正方形のどの部分に当たるのか確認をすると、次のようになります。

（濃い赤は切り取る部分）

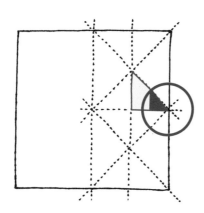

この時点で、○の部分が全く無傷である、**選択肢1と選択肢4は消去できます**。ここは切られたはずだからです。

あとは、この部分をじっくり見ればわかるのですが、次の図のように、ざっくり補助線を引いて、上記の部分を確認すると、**選択肢2が正解とわかります**。

便利なやり方！

最終形の直角三角形の位置を確認するための補助線です。

こうやって線をひくと、わかりやすくなります。

最終形の直角三角形の切られ方が、選択肢3や5ではちがっています。同じなのは2だけです。

なので、もうこれ以上確認するまでもなく、2が正解とわかります。

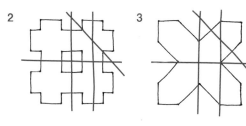

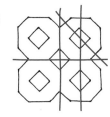

正解 2  正解！

別解

「最短で解く方法」のやり方では、よくわから
ない場合には、広げながら図を描いていきます。
こちらのほうが正攻法です。これらを覚えるよ
うにしてもいいでしょう。

もう一度、設問の図を載せておきます。

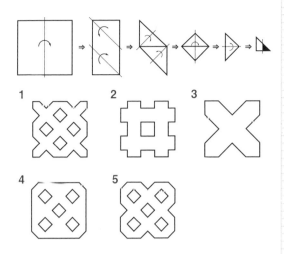

通常、与えられた図の右から左へ遡るように描いていきます。

ただ、もしすでに「最短で解く方法」のところの図（最終形が元の正方形でどこに位置しているかの図）を描いている場合には、その図の中で一度に処理するほうがいいでしょう。

1 段階開いたところ（設問の右端から 2 番目）

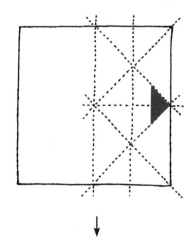

2 段階開いたところ

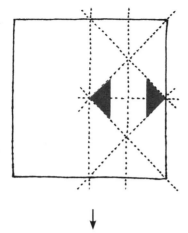

3 段階開いたところ

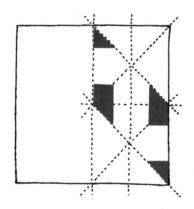

これを続けていくわけですが、このあたりでそ
ろそろ、正解がわかってきますね。

おさらい

😄 勝者の解き方！

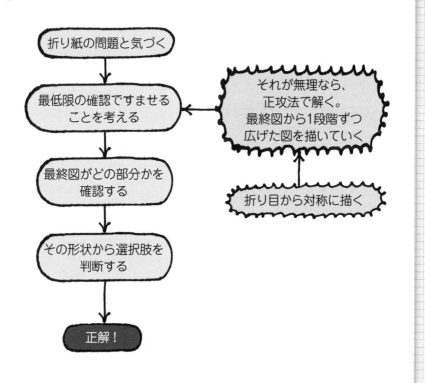

折り紙の問題と気づく

↓

最低限の確認ですませる
ことを考える ← それが無理なら、
正攻法で解く。
最終図から1段階ずつ
広げた図を描いていく

↑

折り目から対称に描く

↓

最終図がどの部分かを
確認する

↓

その形状から選択肢を
判断する

↓

正解！

😣 敗者の落とし穴！

◊ 丁寧にすべてを描こうとして、時間をロスする。

◊ 折り目から対称に描くことができず、間違えた図を描く。

◊ 最終図の場所を間違えて、形状が確認できない。

◊ 先入観で選択肢を選んでしまう。

図のような、合計125個の黒い小立方体と白い小立方体を積み上げて作った大立方体がある。黒い小立方体が見えているところは、反対の面まで連続して黒い小立方体が並んでいるものとする。このとき、**白い**小立方体の数はいくらか。

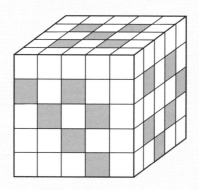

1 51 個

2 55 個

3 57 個

4 61 個

5 66 個

（国税専門官　2010 年度）

この設問は **1段スライスというテクニックを使います！**

 解くための下ごしらえ 🔪

大切な情報をメモしておきましょう。

図を見ると、横も縦も奥行きも 5 個ずつであることがわかります。

```
5 × 5 × 5 = 125 の積み木

黒は貫通している

求めるのは白の個数
→直接かぞえる or 黒を数えて全体から引く
```

これがコツ！

直接かぞえる or 黒を数えて全体から引く
この両方のやり方があるのを忘れないように！

👀 目のつけ所！

「積み木」というタイプの問題で、この章の中では最も頻出です。

初めて見ると、どう対応したらいいのか、途方に暮れてしまうかもしれません。

でも、1段ずつスライスしてしまえばいいのです！

大立方体を上から5枚にスライスすることで、各段を平面図に表すことができます。

このタイプに限らず、立体図形の問題は、立体のままで考えるのは大変なので、平面化するテクニックを使う場合が多いのです。

← 最短で解く方法

5段それぞれの平面図を描きます。

まず、上が黒いところは、各段に共通なので、これは最初に入れてしまいましょう。

? なんでこうなるの？

「黒い小立方体が見えているところは、反対の面まで連続して黒い小立方体が並んでいる」と設問文にあるので。

9

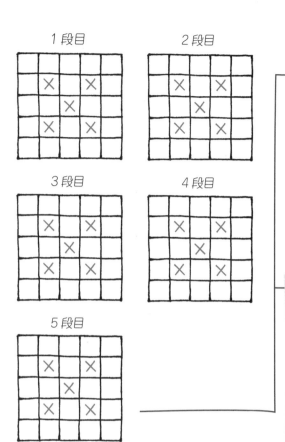

1段目   2段目

3段目   4段目

5段目

便利なやり方！

いちいち黒く塗りつぶしていると、よけいな時間がかかるので、×印などを用いましょう。

細かいことのようですが、節約できる時間はできるだけ節約することが大切です。

本当は1段目は書く必要はありません。

設問の図を見れば、1段目はわかるからです。

2段目から書けばいいのです。

また、2段目以降についても、黒の並びに規則性がある場合は、すべての段を書かなくてもすむ場合もあります。

そうやって、少しでも時間を節約しましょう。

ただ、この設問のように、黒の並びが不規則な場合は、2段目以降はすべての段を描いていく必要があります。

9

次に、各段で黒い小立方体が貫通しているラインを調べます。

1段目   黒5、⃝白20   2段目 ⃝白9

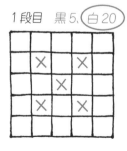

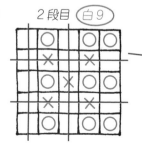

便利なやり方！

今度はラインなので、×を書いていくより、線ですべてつぶすほうが速いです。

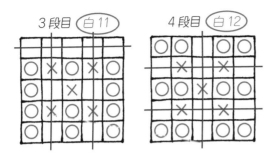

3段目 (白11) 4段目 (白12)

5段目 黒11、(白14)

これで各段の黒い立方体はすべてわかったこと
になります。
**それぞれの段の白の立方体の数をかぞえましょ
う。**
白のほうが少ないようなら直接数え、黒が少な
いときには黒を数えて、それを25（5×5＝25
という1段の総数）から引きましょう。

5段分をすべて合計しましょう。
白い小立方体の個数→

20＋9＋11＋12＋14＝**66個**

正解　5　　正解！

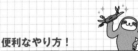
便利なやり方！

白を数えるときには、間違い
のないよう、○印をつけてい
きましょう。
図に○が書いてあるのは、そ
のためです。
○が書いてない段は、黒のほ
うを数えて、25から引いたと
いうことです。

おさらい

😄 勝者の解き方！

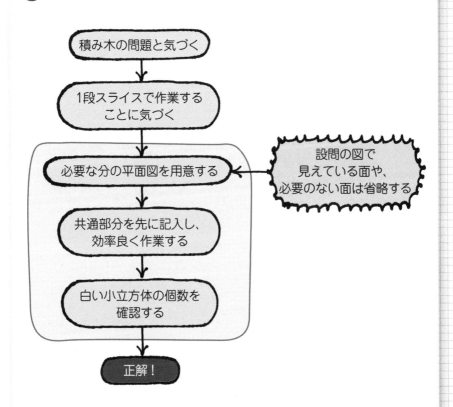

```
┌─────────────────────┐
│ 積み木の問題と気づく │
└─────────────────────┘
          ↓
┌─────────────────────┐
│ 1段スライスで作業する │
│    ことに気づく      │
└─────────────────────┘
          ↓
┌─────────────────────┐       ┌──────────────────┐
│ 必要な分の平面図を用意する │ ←── │    設問の図で      │
└─────────────────────┘       │ 見えている面や、    │
          ↓                    │ 必要のない面は省略する │
┌─────────────────────┐       └──────────────────┘
│ 共通部分を先に記入し、 │
│   効率良く作業する   │
└─────────────────────┘
          ↓
┌─────────────────────┐
│ 白い小立方体の個数を   │
│    確認する          │
└─────────────────────┘
          ↓
      ┌─────────┐
      │  正解！  │
      └─────────┘
```

😖 敗者の落とし穴！

🔥 1段スライスを知らず、頭の中で黒の個数を数えようとして混乱する。

🔥 必要のない平面図まで用意して、無駄な作業をする。

🔥 黒い小立方体の個数を数えてしまう。

🔥 数え間違いをする。

重要問題 **4**　投影図

　同じ大きさの立方体の積み木を重ねたものを、正面から見ると図1、右側から見ると図2のようになる。このとき、使っている積み木の数として考えられる最大の数と最小の数の差として、妥当なのはどれか。

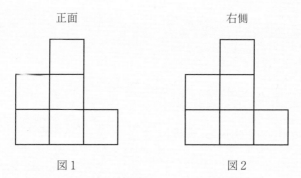

正面　　　　　　　　　　　右側

図1　　　　　　　　　　　図2

1　0
2　2
3　4
4　6
5　8

（東京都Ⅰ類B　2021年度）

この設問は 🖙 **図形を色々な方向から見た見え方を考える問題です。**

解くための下ごしらえ

次のような**3×3の「平面図」**（上から見た図）
を用意して、正面、右側のそれぞれから見たと
きに、各列にいくつの積み木が見えているかを、
図のように書き入れます。

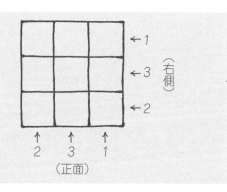

— **これがコツ！**

正面から見た図と右側から見
た図は、いずれも最大で積み
木3個分の幅がありますので、
3×3の平面図を用意するわけ
です。

 目のつけ所！

本問のような、「積み木の投影図」は、投影図
の頻出パターンです。

このような問題は、上のように平面図を用意し
て、それぞれの箇所に置かれている積み木の個
数を記入していきます。

最短で解く方法

問われているのは、「使っている積み木の数と
して考えられる**最大の数**と**最小の数**の差」です。

まず、最小個数から考えてみましょう。
最小のほうが、わかりやすいからです。

最低限、積み木は何個必要か、ということです。
3×3の「平面図」で、正面から見ても、右側
から見ても、積み木が3個のところは、どうし
ても3個必要です。また、3個なのはこの1箇
所だけです。

これは最大個数の場合
も同じです。

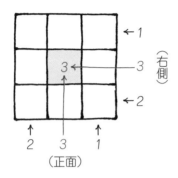

同じように、それぞれの方向から2個見える、
また1個見える、交差したところに、次の図の
ように記入しましょう。

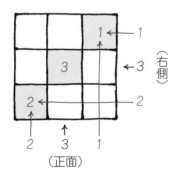

最低限、これだけ積み木を積めば、正面から見
た図と、右側から見た図は満たされるわけです。
積み木の数は、1 + 2 + 3 = 6個です。
最小個数は6個とわかります。

正面から見た図でも、
右側から見た図でも、
6個見えていますから、これ
以上少なくはなりません。

これがコツ！

最小個数を求めるときは、余
計なものを置かないというの
がポイントです。

次に、最大値を考えてみましょう。

今度は逆に、できる限り置けるだけ置くというのがポイントです。

1個しか見えない列には、1個しか置けませんが、すべて1個だけでも置きましょう。

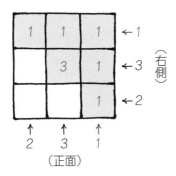

残る箇所には2個置いても邪魔にはならず、正面と右側から見た図は満たされます。

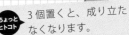

ちょっとヒトコト　3個置くと、成り立たなくなります。

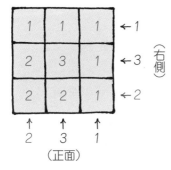

これが置ける最大値です。

$$1 \times 5 + 2 \times 3 + 3 = 14 個$$

最大値は14個とわかります。

最大 − 最小 = 14 − 6 = **8**

「使っている積み木の数として考えられる**最大**

の数と最小の数の差」は **8** とわかります。

正解 **5**　

正面から見た図でも、右側から見た図でも、いちばん下には積み木が3個ずつ並んでいるので、すべて少なくとも1個は積み木が置いてあると勘違いしがちです。

そうすると、最小値は、次の図のようになって、積み木の数は12個になります。

1	1	1
1	3	1
2	1	1

そうすると、選択肢2を選んでしまいますので、誤解のないように！

おさらい

😄 勝者の解き方！

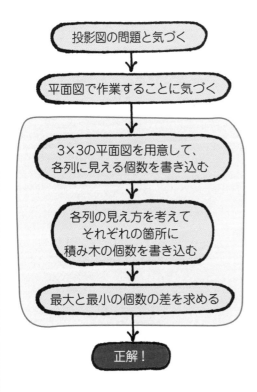

```
投影図の問題と気づく
    ↓
平面図で作業することに気づく
    ↓
3×3の平面図を用意して、
各列に見える個数を書き込む
    ↓
各列の見え方を考えて
それぞれの箇所に
積み木の個数を書き込む
    ↓
最大と最小の個数の差を求める
    ↓
正解！
```

😖 敗者の落とし穴！

◊ 平面図を使って解くという方法を知らない。

◊ 平面図の使い方がよくわかっていない。

◊ 最小値にするには、どういうふうに考えればいいか知らない。

◊ 最大値にするには、どういうふうに考えればいいか知らない。

10

パズル

★★★

「できたモン勝ち」だけではない！

§10 パズル

センス勝負ではなく、解く方法がある！

　本当にパズルを組み立てるような問題なので、直感で解く問題という印象を受けます。

　実際、センス（または運）があれば、ちょいちょいとやってみて、「できた！」ってこともあるでしょう。

　じゃあ、勉強してもムダかというと、**そんなことはありません！**

　特徴をとらえること、選択肢の見方など、**過去問の経験でかなり鍛えられます。**

　また、「重要問題2」のように、面積の計算からアプローチできる問題もあります。

はまって時間をロスしないように！

　苦手な人は捨ててもOKな分野です。

　ただ、パズルですから、できそうで、できなくて、でも、もうちょっとでできそうだから、あきらめられない……そんなふうに本番ではまってしまうのが怖いですね。

　そういうときは、いったん後回しにしましょう。後でもう一度見直したら、「なんだ、これでいいじゃん」ということもよくあります。

出題傾向は §9 と同じ

　出題傾向は概ね §9「図形の分割と構成」と同じで、東京都、特別区、警視庁では典型的な問題、国家や地方上級ではやや変わった問題が出題されています。

おさえておくべき 重要問題 の紹介

重要問題 1 図形を敷き詰めるタイプ ✦●●●●✦ ☞ P274

⟹ 与えられた枠にピースを敷き詰める典型的なパズル問題！

重要問題 2 面積から考えるタイプ ✦✦●✦ ☞ P280

⟹ 面積を計算して組み合わせる図形を考える問題

ここが ポイント！ できそうな予感があれば、直感であてはめても OK ですが、いずれにせよ、**特徴ある部分や融通のきかない図形に着目して解く**のがポイントになります。

また、図形を合わせて図形を作る場合は、**出来上がった図形の面積（立体であれば体積）を確認すること**で、正解に近づく（問題によってはそれだけで正解が出る）ことが多いです。

10

次の図のような、小さな正方形を縦に4個、横に6個並べてつくった長方形がある。今、小さな正方形を6個並べてつくった1〜5の5枚の型紙のうち、4枚を用いてこの長方形をつくるとき、**使わない**型紙はどれか。ただし、型紙は裏返して使わないものとする。

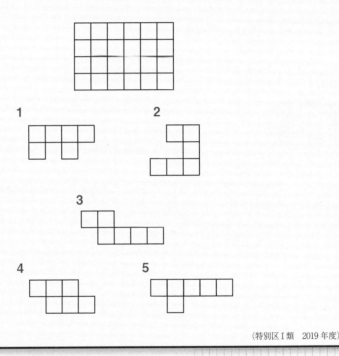

（特別区Ⅰ類　2019年度）

この設問は 🖙 **与えられた枠にピースを敷き詰める典型的なパズル問題です。**

 解くための下ごしらえ 🥢

文章題をメモの形にしましょう。

> 4×6の長方形
> ピース（型紙）を敷き詰める
> 各ピースの面積はいずれも6
> 使わないのは？

目のつけ所！

もし、各ピースの面積が異なるようなら、5つのピースの面積をすべて足し合わせてみます。その合計と、4 × 6 = 24 の差が、いらないピースの面積になりますので、そこで絞られます。本問は、いずれのピースも 6 ですから、どのピースも可能性があります。

パズルの基本的なセオリーは、**融通の利かないピースに着目する**ことです。

融通の利かないピースは、入るところが限られるからです。

融通の利かないピースというのは、本問の場合だと、選択肢 3 と選択肢 5 です。この 2 つは小さな正方形が横に 5 個並んでいます。なので、4 × 6 の長方形に入れるときに、**横には入りますが、縦には入りません**（縦にすると、はみ出してしまうので）。

ピースを 1 つ入れたら、その周りにすき間を作らないよう、次のピースを選ぶのもコツです。

ここに注目！

決して他のピースで埋めることができないすき間ができてしまっていないか、そこに注意しましょう。

最短で解く方法

融通の利かないピースである、選択肢 3 か 5 から、まず入れてみます。

どちらからでもいいのですが、選択肢 3 から入れてみましょう。

これでもしうまくいかなければ、選択肢３がいらない型紙ということになります。

下から敷き詰めると、①、②の２通りですが、①は✕の部分にすき間ができます。これを埋めるピースはありません。

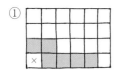

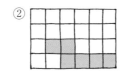

また、③、④のように１段ずつ上に上げると、それぞれ✕の部分を埋めるピースがありません（それぞれ②のように右にずらしても同じです）。

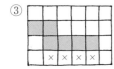

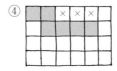

よって、選択肢３を入れるとしたら、**②の位置**しかありえません。

次に、②の○のところを埋めるピースを考えると、選択肢１と選択肢２がありえます。

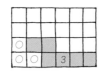

しかし、選択肢２だと、残るピースをうまくあてはめることができません。
たとえば、✕の部分は、もう残りのピースでは

埋めようがありません。

選択肢1を入れると図のようになります。

もうひとつの融通の利かないピースである選択肢5を入れるとしたら、次の場所しかありません。

しかし、残るところに選択肢2や選択肢4は入りません。
この時点で、**いらないのは選択肢3か選択肢5のいずれか**とわかります。─────

では、選択肢5を入れるのをやめて、選択肢2と選択肢4で残る部分を埋められるかを考えてみましょう。─────

まず、選択肢3の上に選択肢4をのせた場合、残る部分に選択肢2は入りませんね。

？ なんでこうなるの？

選択肢3を入れた場合は、選択肢1をこのように入れるしかなく、さらに選択肢5も入れたとしたら、この位置しかないわけです。それは、ここまで確認してきた通りです。
それで成り立たないとしたら、ここで選択肢5を入れるのが間違いなのか、あるいは、そもそも選択肢3を入れるのが間違っているか、どちらかということになります。
（選択肢1は、選択肢5が入らない場合は、このまま使うことができますし、選択肢3が入らない場合も、また別のところに使える可能性があります）

ちょっと
ヒトコト
これで埋められなかったら、選択肢3を使わずに、他の選択肢で埋められるかを確認することになります。（もし時間がなかったら、すぐに選択肢3を正解としてもいいでしょう）

選択肢3の上に選択肢2を図のようにのせると、
残る部分に選択肢4が入ります。

よって、使わないのは**選択肢5**です

正解　5　

・━━━━ おさらい ━━━・

😄 勝者の解き方！

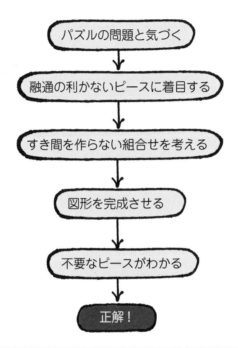

```
┌─────────────────────────┐
│  パズルの問題と気づく     │
└─────────────────────────┘
              ↓
┌─────────────────────────┐
│ 融通の利かないピースに着目する │
└─────────────────────────┘
              ↓
┌─────────────────────────┐
│ すき間を作らない組合せを考える │
└─────────────────────────┘
              ↓
┌─────────────────────────┐
│   図形を完成させる        │
└─────────────────────────┘
              ↓
┌─────────────────────────┐
│  不要なピースがわかる     │
└─────────────────────────┘
              ↓
        ┌──────────┐
        │  正解！  │
        └──────────┘
```

10

😠 敗者の落とし穴！

◊ 選択肢 3 や選択肢 5 のような図形に着目せず、適当に組み合わせようとして混乱する。

◊ すき間ができる部分を放置して組み合わせて、完成できない。

◊ ピースを回転させる際に誤った形で入れて、完成できない。

図Ⅰのような、一辺の長さが1の正方形の板A、2枚の板Aを一つにした板B、4枚の板Aを一つにした板Cの3種類の板がある。これらの板を重ならないように置き、床を板で敷き詰めることを考える。

　例えば、一辺の長さが3の正方形の床は、図Ⅱのように、板Aを1枚、板Bを2枚、板Cを1枚使用して敷き詰めることができ、このときに使用した板の枚数は、4枚である。

　一辺の長さが5の正方形の床を、最も少ない枚数の板で敷き詰めるとき、板の枚数は何枚か。

　ただし、必ずしも3種類の板全てを使用しなくてもよいものとする。

図Ⅰ

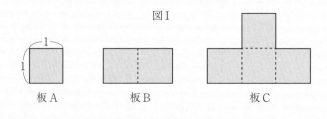

板A　　　　　板B　　　　　板C

図Ⅱ

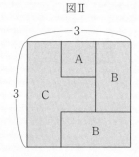

1　7枚

2　8枚

3　9枚

4　10枚

5　11枚

（国家専門職　2017年度）

この設問は 👉 面積を計算して、組み合わせる図形を考える問題です。

10

解くための下ごしらえ

文章題を、図や記号やメモの形に変えましょう。

板A〜Cの3種類
一辺の長さが5の正方形、最も少ない枚数の
板で敷き詰める
板の枚数は何枚？

ここに注目！
「最も少ない枚数」というところが肝心なので、見逃さないように。

 目のつけ所！

最も少ない枚数で敷き詰めるので、いちばん大きい板Cをなるべく多く使うことを考えます。板Cを敷けるだけ敷けば、残るところは板Aと板Bで必ず埋められますが、できるだけ板Bで埋めることを考えます。

なんでこうなるの？
面積の大きな板を優先するほど、敷き詰める枚数は少なくてすむからです。

10

最短で解く方法

まず、面積で計算して、目標枚数を確認します。

これがコツ！
いきなり敷き始めるのではなく、まず面積で計算して、見当をつけます。
これがポイントです！

1辺が5の正方形の面積は25ですから、板Cは最大で6枚敷けます。
板C 6枚（面積24）＋板A 1枚（面積1）
＝7枚　←選択肢1　これが目標！
板C 5枚（面積20）＋板B 2枚（面積4）＋板A
1枚（面積1）＝8枚　←選択肢2
板C 4枚（面積16）＋板B 4枚（面積8）＋板A
1枚（面積1）＝9枚　←選択肢3

ちょっとヒトコト 実際に敷けるかどうかではなく、この時点ではまず面積だけの計算です。

このあたりまでで、できるようがんばりましょう！

板Cを6枚置くのが目標ですが、ちょっと難しいかも…。
とりあえず敷いてみましょう。まずは、角から埋めるように3つ。

これがコツ！

なるべく角から埋めるようにするのがコツです。
角が残れば、そこは板Aなどで埋めることになり、枚数が増えるからです。

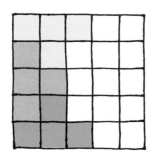

あと、2つは敷けそうですが、3つは無理です。
→選択肢1あきらめます。

では、あと2つ敷いてみましょう。
残りをB2枚、A1枚で埋められれば、選択肢2でいけます。

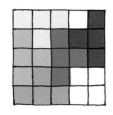　もしくは　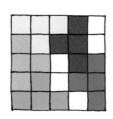

これで OK！

正解　2　**正解！**

😆 **勝者の解き方！**

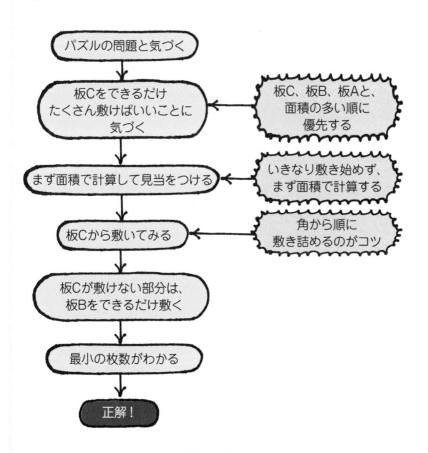

パズルの問題と気づく

↓

板Cをできるだけ
たくさん敷けばいいことに
気づく　←　板C、板B、板Aと、
　　　　　　面積の多い順に
　　　　　　優先する

↓

まず面積で計算して見当をつける　←　いきなり敷き始めず、
　　　　　　　　　　　　　　　　　　まず面積で計算する

↓

板Cから敷いてみる　←　角から順に
　　　　　　　　　　敷き詰めるのがコツ

↓

板Cが敷けない部分は、
板Bをできるだけ敷く

↓

最小の枚数がわかる

↓

正解！

❌ 敗者の落とし穴！

- 🔸 板Cをなるべくたくさん敷こうとしない。
- 🔸 適当な位置から敷き始めて、無駄なスペースを作る。
- 🔸 板Cが敷けない部分に、板Bをできるだけ敷こうとせず、板Aを使いまくる。
- 🔸 板Aを絶対に使わないと決めて、行き詰まる。

正多面体と展開図

★★★★

一番人気は立方体！

§11 正多面体と展開図 頻出度 ★★★★

空間把握の基本！

　正多面体の性質や構成などに関する問題は、かつてはそれほど多くはなかったのですが、最近は比較的よく出題されています。

　ただ、出題頻度に関わらず、**空間把握の基本として、正多面体の性質はしっかり理解しておく必要があります**。

正八面体について知っている？

　正多面体は5つあります。

　1番人気は**立方体**で、さまざまな分野の問題によく出てきます。ただ、これは誰もがよく知っているので、あらためて勉強の必要はないでしょう。

　でも、2番人気の**正八面体**は、それほど皆に知られていません。にもかかわらず、**けっこういろいろな分野の問題に顔を出します**。具体的には、ここで扱う「展開図」をはじめ、「立体の切断」「計量問題」などです。

　ですから、これの基本構成はしっかりマスターしておいたほうがいいでしょう。

正多面体どうしの関連性も大切！

　3番人気は**正四面体**ですが、これは簡単な図形ですから、すぐに把握できるでしょう。

　正十二面体や**正二十面体**は、余裕がなければ、ほんの基本的なことだけおさえておけばOKです。よく出るのはその他の3つの立体ですから。

　あと、**立方体と正八面体、正十二面体と正二十面体**はそれぞれ関連性が深いのも特徴の一つです。

展開図は頻出分野！

　正多面体の最も活躍する場が「展開図」の問題です。**空間把握でも頻出分野**で、あらゆる試験でコンスタントに出題されていますが、最近はやや少なめです。

重要問題 **1** 正多面体の構成 ✳━✳━✳ ☞ P302

⇛ 正多面体の構成を考えて解く問題！

重要問題 **2** 立方体の展開図 ✳━✳━✳━✳ ☞ P306

⇛ 立方体の基本構成を確認する問題！

重要問題 **3** 正八面体の展開図 ✳━✳━✳━✳ ☞ P313

⇛ 正八面体の基本構成を確認する問題！

ここが
ポイント！　　正多面体とは、**最も基本的で単純な立体**です。**どの頂点も、辺
　　　　　　も、面も、すべて同じ条件でできています**から、1 つの頂点に
ついて言えることは、すべての頂点に対しても言えることになります。つまり、
「1 本の木」を見れば「森全体」がわかるわけです。

展開図の問題の解き方ですが、頭の中で展開図が組み立てられる必要はありま
せん。**ここはほとんどテクニックで解けます**。まずは、展開図の変形操作を覚
えましょう！

11

これだけは知っておきたい基礎知識

➡️ **正多面体とは**
➡️ **正多面体の種類と基本構造**
➡️ **正多面体の辺の数と頂点の数**
➡️ **正多面体の展開図**
➡️ **展開図の重なる辺の探し方**
➡️ **展開図の変形操作**
➡️ **正八面体の展開図で、平行な面の位置関係**
➡️ **正八面体の頂点と、展開図の頂点の対応の見つけ方**

➡️ 正多面体とは

例題❶

正多面体の定義として必要なものは、次のうちどれ？
① どの面も合同な正多角形でできている
② 歪みがない立体である
③ どの頂点にも同じ数の面が集まっている

答えは、①と③です。

正多面体の定義は、「どの面も**合同な正多角形**（正三角形や正方形など）でできており、**どの頂点にも同じ数の面が集まっている**多面体」というもの。
②の歪みがないというのは、結果としてはその通りなのですが、定義には含まれません。

この定義だけ見ても、難しくて抽象的で、ピンときませんね。
やはり図形は、具体例を見ながら考えるのが理解するコツです。

正多面体の定義
どの面も合同な**正多角形**でできており、
どの頂点にも同じ数の面が集まっている多面体

正多面体の種類と基本構造

例題2

正多面体は何種類存在する?

平面上の正多角形は無数にありますが、立体の正多面体はそうではありません。

正多面体は全部で5種類しかありません。

正**三**角形からできているのが、正**四**面体、正**八**面体、正**二十**面体。

正**四**角形からできているのが、正**六**面体。

正**五**角形からできているのが、正**十二**面体です。

11

5種類しかないので、その性質をだいたい暗記してしまうことも可能です。

正六面体は、立方体としてすでに知っているでしょうが、頻出する正四面体と正八面体については、よく理解しておきたいですね。

正多面体は5種類だけ

| 正四面体 | 正六面体 | 正八面体 | 正十二面体 | 正二十面体 |

✏️ 正多面体の辺の数と頂点の数

例題3

正八面体の辺の数と頂点の数は？

答えは、
辺 = **12**
頂点 = **6**

先の正八面体の図を見て数えてみると、上の数字になります。

じつは、辺の数は計算によって求めることができます。
こういう式になります。

辺の数＝1つの面の辺の数×面の数÷2

なぜそうなるのか、たとえば正八面体で考えてみましょう。

正三角形が8個集まってできていますから、切り離してバラバラにした状態だと、辺の数は $8 \times 3 = 24$ 本です。

これを立体に貼り合わせるときに、2本の辺が1組で1本になります。なので、辺の数は12に半減します。

これを式にすると、

$3 \times 8 \div 2 = 12$個

となります。

また、頂点の数はこんな式で求められます。

頂点の数＝1つの面の頂点の数×面の数÷1つの頂点に集まる面の数

これも同じように、正八面体で考えてみると、まずバラバラの正三角形8個に分解します。

この段階では、頂点は $8 \times 3 = 24$ 個です。

正八面体では、4つの頂点がくっついて1つの頂点になりますから、$24 \div 4 = 6$ 個となり、正八面体の頂点の数は6個だとわかります。

これを式にすると、

$3 \times 8 \div 4 = 6$個

となります。

辺の数＝1つの面の辺の数×面の数÷2

頂点の数＝1つの面の頂点の数×面の数÷各頂点に集まる面の数

正多面体は5種類しかないので、覚えてしまってもいいかもしれせまん。

	面の形と各頂点に集まる面の数	面数	辺数	頂点数
正四面体	正三角形　3	4	6	4
正六面体	正方形　3	6	12	8
正八面体	正三角形　4	8	12	6
正十二面体	正五角形　3	12	30	20
正二十面体	正三角形　5	20	30	12

11

✏️ 正多面体の展開図

例題 4

正八面体の展開図はどれか？

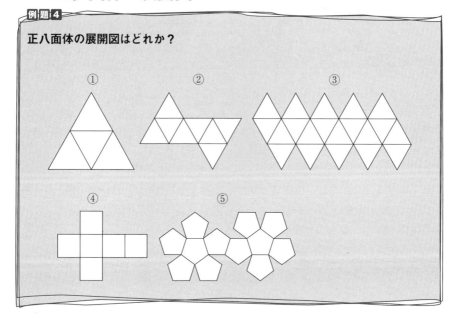

① ② ③

④ ⑤

答えは②です。

それぞれ、①は正四面体、③は正二十面体、④は正六面体、⑤は正十二面体の展開図です。

元の形と見比べて覚えておくと、いざ出題されたときにすぐに判断がついて速いです。

▭➡ 展開図の重なる辺の探し方

例題 5

図は正六面体の展開図だが、立体に組み立てたとき、ABC の各辺と重なるのは、それぞれア〜サのどれか？

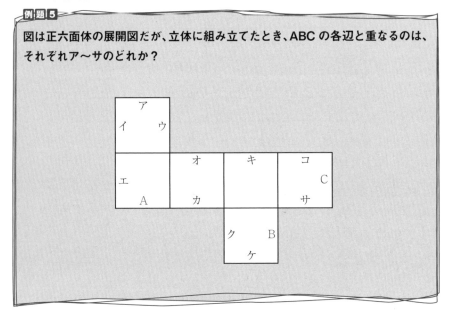

展開図というのは、立体の辺にハサミを入れて切り開いた図です。

すべてを切り離すと、正六面体なら6個の正方形になってしまうわけで、つながっている部分を残して、1枚の平面図になっているのが展開図です。

切り離すとき、どこにハサミを入れて、どこをつながったまま残すかによって、形のちがう展開図になります。 つまり、同じ立体でも、展開図は1つではありません。

立体のハサミを入れられた1辺は、展開図では2つの辺に分かれます。

展開図の輪郭をなしている辺（上図だと A 〜 C とア〜サ）はすべて、立体に

組み立てたときには必ず他の辺と重なります。そして、2辺で立体の1辺となります。

展開図の問題では、**立体に組み立てたとき重なる辺**を見つけることが大切です。

これには次のような法則があります。

①最小の角をはさむ2辺は、重なる。

この「最小の角」というのは、展開図の輪郭をなす辺においてです。

正六面体の展開図では、最小の角は**90度**ですね。それをはさむ2辺は、**ウ**と**オ**、**カ**と**ク**、**サ**と**B**です（次の図の①の3組）。これらはそれぞれ、立体では重なる辺なのです。

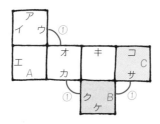

②その隣どうしの辺も重なる。

①の3組のお隣さんどうしも重なる辺になります。

ウのお隣さんは**ア**。**オ**のお隣さんは**キ**。この**ア**と**キ**の2辺も重なるのです。
カのお隣さんは**A**。**ク**のお隣さんは**ケ**。この**A**と**ケ**の2辺も重なるのです。

ただし、このとき注意しなければならないことがあります。

サのお隣さんは**C**。**B**のお隣さんは**ケ**。でも、この2辺は重なりません！
なぜでしょう？

じつは、この法則には、ただし書きがつきます。

※ただし、2つの面で重なるのは1辺だけ。

①の段階で、赤色の面とグレーの面は、すでに**サ**と**B**が重なっています。つまり、この2つの面は、もう他に辺を共有することはないのです。

ですから、さらに**C**と**ケ**が重なるわけにはいかないのです。

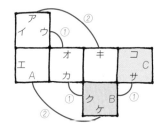

では、これでお終いかというと、そうではありません。

③さらに、②の隣どうしの辺も重なり、それがずっとくり返される。

次の図の上のほうの①②③を見てください。

まず最小の角をはさむ①の2辺が重なるとわかり、

その隣どうしの②の2辺が重なり合うとわかり、

さらにその隣どうしの③の2辺が重なり合うとわかります。

もしさらに辺のある展開図なら、同様にして④⑤⑥……と重なりがわかって
いきます。

実際、エとCが重なるのを④と考えてもかまいません。

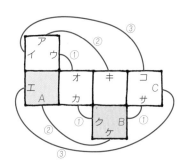

次に、図の下のほうの①②③を見てください。

①②まではわかりやすいですね。

③はエとBになるはずですが、Bはすでにサと重なることがわかっています
(そうでなくても、赤色の面とグレーの面はAとケがすでに重なっています。
先のただし書きにあったように、2つの面が重なるのは1辺だけですから、も
う別の辺が重なることができません)。

こういうときは、そのサの隣の辺であるCが候補となります。エとCが重な
るのは問題ないので、これが正しいとわかります。

④隣の辺に重ねられない場合は、さらにその隣の辺と重なる。

```
┌─────────────────────────────────────────────────────────┐
 展開図の重なる辺の見つけ方
 ①最小の角をはさむ2辺は、重なる。
 ②その隣どうしの辺も重なる。（※ただし、2つの面で重なるのは1辺だけ）
 ③さらに、②の隣どうしの辺も重なり、それがずっとくり返される。
 ④隣の辺に重ねられない場合は、さらにその隣の辺と重なる。
└─────────────────────────────────────────────────────────┘
```

✏️ 展開図の変形操作

例題6

例題5の展開図を、別の形の展開図に変形させることは可能でしょうか？

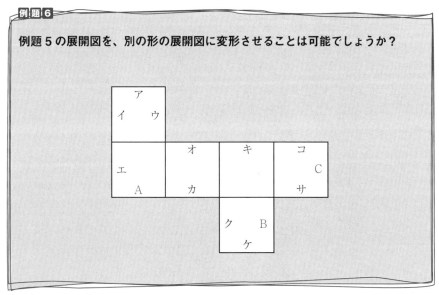

　別の形の展開図にするには、「元の立体に復元してから、もう一度別のところにハサミを入れ直す」という面倒なことをする必要はありません。

展開図の面を移動させればいいのです。

　もちろん、どこにでも移動できるわけではありません。

　例題5で、どの辺とどの辺が重なるかを確認しました。

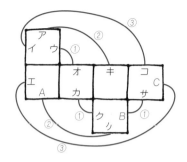

　今の展開図ではつながっている辺を切って、面を切り離し、別の重なる辺の
ところに移動させてもいいのです。それでも展開図として成り立ちます。

　たとえば、(i) の面は、今は (ii) の面とつながっていますが、これを切り離
します。
　そして、ケとＡの辺が重なるので、そこに移動します。
　また、もうひとつ、(iii) の面も切り離して、Ｃとエの辺は重なるので、そこ
に移動してみましょう。

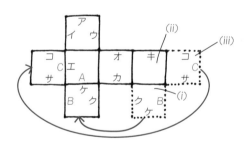

　展開図は横倒しの十字架のような形に変わりました。この展開図も、例題5
の展開図として、ちゃんと正しいのです。

　なお、移動させるときに注意しなければいけないのは、面の向きです。重な
る辺どうしがくっつくように、平面上を移動させます（裏返したりしてはいけ
ません）。つまり、多くの場合、回転させることになります。
　上の図を見てください。Ｃの辺のある面は、Ｃとエを重ねるためには、元の
向きのまま移動させれば大丈夫です。

でも、Bの辺のある面は、**Aとケを重ねる**ためには、横移動だけでなく、**180度回転させ**なければなりません。そのため、**Bの辺が左、クの辺が右**になります。

　なので、ただ「移動」ではなく、**「回転移動」**という覚え方をしておいたほうがいいでしょう。

ココだけ！

展開図の変形
展開図の面は、今はつながっている辺を切って、
重なる辺のところに、回転移動させることができる。

✏️ 正八面体の展開図で、平行な面の位置関係

例題7

次の正八面体の展開図で、斜線の面と辺や頂点で接することがない面は、A～Gのどれか？

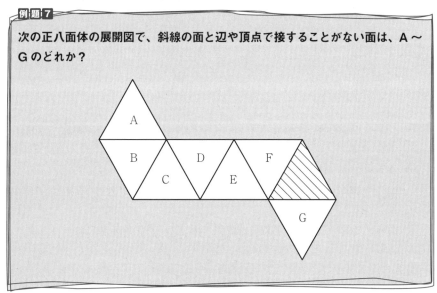

11

正八面体の各面には、辺や頂点で接してない面が必ず1つずつあります。
立体図で見るとわかりやすいと思います。**平行な位置関係**になります。

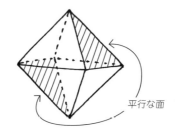

平行な面

展開図では、次のような位置関係となります。

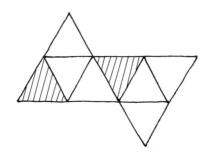

ココだけ！

正八面体では、
4面でできた平行四辺形の両端の面が平行になる。

ですから、この展開図では、**B と E、C と F、D と斜線の面**が平行になります。
そして、残った **A と G** も平行です。

　正八面体の問題では、平行な面の位置関係がポイントになることがよくあります。
　でも、この法則さえ知っておけば、簡単です！

　なお、平行になる面は、正八面体以外の他の正多面体にもあります。
　わかりやすいのは正六面体（立方体）で、向かいあっている面が一対ずつ3組ありますよね。

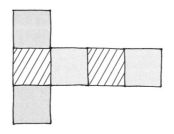

✏️ 正八面体の頂点と、展開図の頂点の対応の見つけ方

例題 8

一部が着色された正八面体の頂点に A ～ F の記号をふりました。
次の展開図で、A ～ F はどの位置にくるでしょうか？

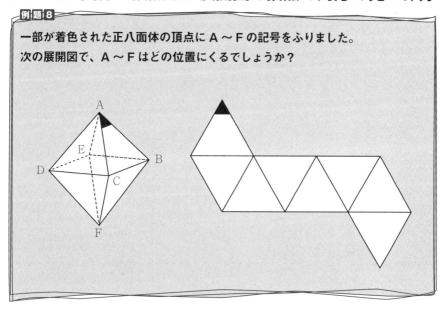

　正三角形 ABC の A のところが着色されているので、**展開図でも正三角形 ABC と F はすぐにわかりますね。**

　さらにわかるところはないでしょうか？

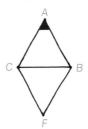

正八面体の **ABFC** という**ひし形**の部分を考えてみましょう。

正三角形が2つ上下にくっついた形になります。

上は A、下は F になります。

これは左右が BC 以外の場合でも、上が A なら、下は必ず F になります。

ACFD、ADFE、AEFB というすべてのひし形を考えてみるとわかるでしょう。

同じことは、A と F の場合だけでなく、他の頂点についても言えます。

この関係が、正八面体ではつねに成り立つのです。

ココだけ!

正八面体の展開図では、

正三角形を2つ並べたひし形のとがった頂点に、

もとの正八面体の **A と F、B と D、C と E が対応する。**

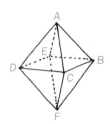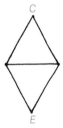

これを知っておくと大変便利です。

なぜなら、「**1つの正三角形の頂点がわかれば、他の頂点もすべてわかる**」からです。

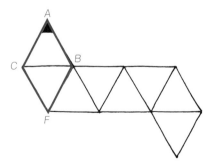

着色してある頂点によって、まず **ABC** がわかります。
先の「ひし形の法則」によって、**F** もわかります。

これで終わりではありません。
次のひし形について考えます。

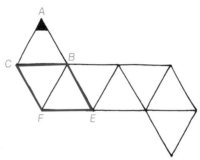

ひし形CBEF について見ると、「ひし形の法則」によって、C の反対側は **E** とわかります。

このように、順番にひし形を見つけながら、「ひし形」の法則を用いていけば、すべての頂点の対応がわかります。
「ひし形の法則」を知ってさえいれば、とても簡単です。

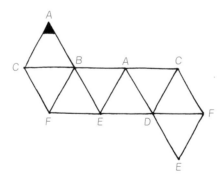

なお、同じ記号が何度か出てきますが、立体に組み立てたとき、そこが同じ1点になるということです。

重要問題 1　　正多面体の構成

　正八面体の各辺の中点をとり、次の図のように頂点に近い4つの点を結んだ線に沿って四角すいを切り落とす作業を、正八面体のすべての頂点について行った。このとき、後に残った立体の辺の本数として、正しいものはどれか。

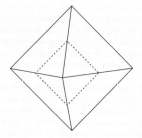

1　8本
2　12本
3　16本
4　20本
5　24本

(警視庁警察官　2012年度)

この設問は **正多面体の構成を考えて解く問題です。**

 解くための下ごしらえ

正八面体の基本事項を確認しておきましょう。

> 正八面体の
> 面の数→ 8
> 辺の数→ 12
> 頂点の数→ 6

法則！

これは先に「これだけは知っておきたい基礎知識」で確認しましたね。
数を暗記しておいてもいいし、図を覚えておいて数えてもいいでしょう。
次の式で計算することもできます。
辺の数＝1つの面の辺の数×面の数÷2
頂点の数＝1つの面の頂点の数×面の数÷各頂点に集まる面の数

 目のつけ所！

切り落とすことによって、新たに面や辺が生まれます。切られずに生き残った面や辺との、新・旧の組合せで考えればいいでしょう。

11

最短で解く方法

まず、新しく誕生する辺について考えてみましょう。

切り落とされた切断面はどんな形になるでしょう?

4つの辺が等しく、4つの角が等しいので、切断面は**正方形**になります。

頂点の数は6つなので、6カ所を切り落とすことになり、**正方形が6つ新たにできることに**なります。

6つの正方形(切断面)の辺の合計は $4 \times 6 = 24$

こういうとき、ダブっている辺がないか、注意が必要です。
今回はダブっている辺はありません。

では次に、もともとあった辺のうち、生き残るものについて考えましょう。

すべての辺が中点からそれぞれ切断されるということは、**半分残るということではありません。**

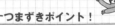

つまずきポイント!

ここがこの問題で間違えやすいところです!

1つ目の頂点を切断したときには、辺の半分は残っていますが、それはまた別の頂点と共に切断されてしまいます。

半分切って、また半分切るのですから、まるごと消えてしまいます。

つまり、**生き残る辺はありません。**

新しく誕生した辺の数 **24** +生きる残る辺の数 **0** = **24** 本

正解　5　

別解

切断後の立体が、どういう立体になるのかを考えて、その辺の本数を数えるという解き方もできます。

切断面は、正方形**6面**です。

元の正八面体で生き残る面もあります。
各面（正三角形）の真ん中に、正三角形が残ります。
これが**8面**あります。

なんでこうなるの？
正三角形が残ることに気づくのが難しいかもしれません。
設問の図をもとに、切断後の図を自分で描いてみると、正三角形が残ることがわかるでしょう。
正八面体で、1面につき1つずつ残るので、8面です。

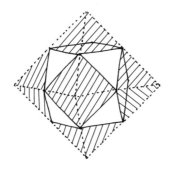

切断後の立体は、正方形6面と正三角形8面からなる立体です。

ちなみに、「準正十四面体」と言います。

面の数と、それぞれの面の辺の数がわかったので、全体の辺の数を出すことができます。

公式！
計算式はこれでしたね。
辺の数＝1つの面の辺の数×面の数÷2

$$辺の数 = (4 \times 6 + 3 \times 8) \div 2 = \mathbf{24}$$

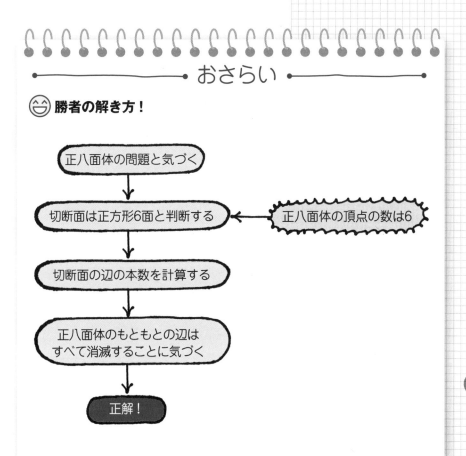

おさらい

😄 勝者の解き方！

```
┌─────────────────────────┐
│   正八面体の問題と気づく   │
└─────────────────────────┘
            ↓
┌─────────────────────────┐      ┌──────────────────────┐
│ 切断面は正方形6面と判断する │ ◄─── │ 正八面体の頂点の数は6 │
└─────────────────────────┘      └──────────────────────┘
            ↓
┌─────────────────────────┐
│  切断面の辺の本数を計算する │
└─────────────────────────┘
            ↓
┌─────────────────────────┐
│   正八面体のもともとの辺は  │
│  すべて消滅することに気づく │
└─────────────────────────┘
            ↓
        ┌─────────┐
        │  正解！  │
        └─────────┘
```

😵 敗者の落とし穴！

◊ 正八面体の基本構成を知らず、頂点が6個あることがわからない。

◊ 頭の中で切断後の立体をイメージしようとして混乱する。

◊ 正八面体の辺が消滅することに気づかず、元の正八面体の辺も含めて数えてしまう。

　下図のように、1〜8の数字が書かれた展開図について、点線部分を直角かつ山折りに曲げて立方体をつくるとき、重なり合う面に書かれた数字の組合せとして、正しいのはどれか。

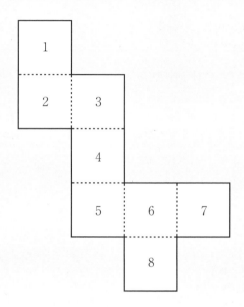

1　1と7、2と8
2　1と7、3と8
3　2と7、1と8
4　3と7、1と8
5　3と7、2と8

(東京都 I 類 A　2013 年度)

この設問は ☞ **立方体の基本構成を確認する問題です。**

 解くための下ごしらえ 🥄

設問を選択肢も含め、よくチェックしておきましょう。

立方体→6面
選択肢のすべてに7と8が入っている→7と8は確定
求めるのは、7、8の面と重なる面
候補は1と2と3

 **目のつけ所！**

「向かいの面」が目のつけ所です！

最短で解く方法

選択肢を見ると、もう重なる面が7と8ということは確定しています。

7と8の「向かいの面」を調べましょう。

ここに注目！

これを見逃したら大変もったいないことになります！
何度もしつこいですが、選択肢もちゃんと先に見ておくようにしましょう。

これがコツ！

重なる面を、いきなり展開図から読み取ろうとしても、なかなか難しいです。
展開図では、かなり離れた位置になっているからです。
「向かいの面」を調べることで、重なる面に近づくことができ、よりわかりやすくなります。
わかるところから考えて、正解にだんだん近づいていくということです。

7の向かいの目は、展開図を見ると、**5**です。

設問文にある「山折り」というのは、折り目が外側に出るように折ることを言います。
とにかく、すべて同じ側に折るということで、5と6と7の面はコの字型になり、5と7が向かい合います。

7と重なる面も、向かいの面は5になるはずです。

5と向かいになるのは、どの面でしょう？
選択肢を見ると、候補は**1、2、3**に絞られます。
展開図を見ると、**5の向かいは3になります**。

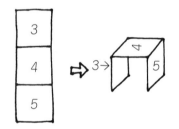

3と7が重なるということです。
選択肢は4と5に絞られます。
4　3と7、1と8
5　3と7、2と8
あとは、**8と重なる面**が、**1か2**かということです。

8と向かい合う面は、展開図を見ると、まずこのようになっています。

11

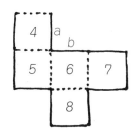

公式！

先に「これだけは知っておき
たい基礎知識」で説明したよ
うに、
展開図の重なる辺の見つけ
方
①最小の角をはさむ2辺は、
重なる。
そして、
展開図の変形
展開図の面は、今はつながっ
ている辺を切って、
重なる辺のところに、回転移
動することができる。
でしたね。

この展開図では「最小の角度」は90度なので、

このaの辺と、bの辺は重なります。

なので、**4の面は次のように移動することがで
きます。**

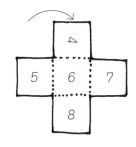

8と向かい合う面は、**4**です。

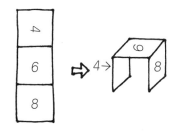

8と重なる面も、向かいの目は4になるはずで
す。

展開図で、1〜4の部分だけを見てみましょう。

11

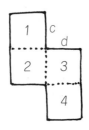

辺 c と辺 d は重なるので、1 の面は次のように
移動できます。

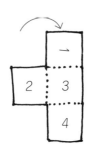

4 の向かいは 1 になります。

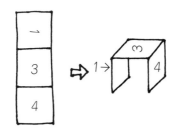

つまり、**8 と 1 が重なる**ということです。

正解　4

別解

立方体になることがわかっているので、
6面の展開図を1つ用意します。

本問では選択肢から、7と8がなくても立方体
になることがわかっているので1〜6で考え
ます。

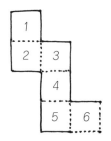

1〜6の面で立方体ができるはずなので、立方
体にしたときに**重なる辺**を調べると次のよう
になります。

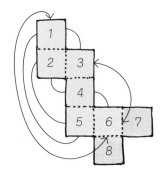

7、8の辺は、それぞれ3、1の辺と重なります。
つまり、重なる面は、それぞれ3、1というこ
とです。

便利なやり方！

そういう情報がない場合は、
「これで立方体ができる」とい
う適当な6枚を見つけます。
下図のような、横4、上1、下
1が立方体の展開図の基本形
です。面を移動してこの形を
作れれば、立方体になります。

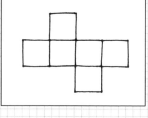

11

おさらい

😄 勝者の解き方！

立方体の展開図の問題と気づく

↓

選択肢から、
7と8の面に重なる面を選ぶ
ことに気づく

← 選択肢を先に見ておくこと
が大切

↓

向かい合う面に着目する

↓

重なる面を特定する

↓

正解！

😵 敗者の落とし穴！

💧 問題の意味がわからず、立方体なのに8面あることに混乱する。

💧 頭の中で組み立てようとして混乱する。

💧 選択肢を先に見ず、あらゆる可能性を検討しようとする。

💧 向かい合う面や重なる辺に着目せず、時間をロスする。

正八面体の展開図

　図のような展開図の正八面体があり、3つの面には既に色が塗ってあるが、次のような条件を満たすように残る5つの面にも色を塗りたい。ただし、ある面の向かい合う面とは、展開図を立体の形に組み立てたとき辺も頂点も接していない面のことをいう。

・黄と青をさらにあと1面塗り、緑、赤、茶を1面に塗ることにする。
・青の面の1つは黄の面の1つと向かい合うようにする。青の他の面は黒の面と向かい合うことも、隣り合うこともないようにする。
・赤の面は緑の面と向かい合うようにし、緑の面は黒の面とは隣り合わないようにする。

　このとき、正八面体の見取図として正しいものは次のうちどれか。

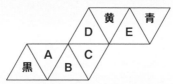

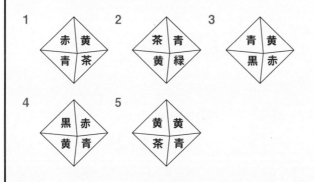

（裁判所職員　2019 年度）

この設問は ☞ **正八面体の基本構成を確認する問題です。**

解くための下ごしらえ

文章題をメモの形に変えましょう。

正八面体の展開図
A〜Eに、黄、青、緑、赤、茶を1色ずつ
黄2つ　青2つ　他は1つずつ
青の1つは黄と向かい合う
青のもう1つは黒と向かい合うことも隣り合うこともない
赤と緑は向かい合う
緑と黒は隣り合わない

 ## 目のつけ所！

ややこしい問題のようですが、「これだけは知っておきたい基礎知識」のところの「展開図の重なる辺の探し方」と「正八面体の展開図で、平行な面の位置関係」を知っておけば、簡単です。

最短で解く方法

まず、展開図の重なる辺を確認しましょう。
「①最小の角をはさむ2辺は、重なる」んでしたね。

　法則！

「これだけは知っておきたい基礎知識」のところの「展開図の重なる辺の探し方」を参照してください。

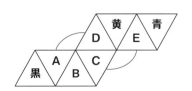

かなり角度が大きいですが、この図ではここが「最小の角」となります。

「②その隣どうしの辺も重なる」

「③さらに、その隣どうしの辺も重なり、それがずっとくり返される」

ということで、重なる辺は、次のようになります。

図1

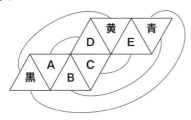

次に、「**平行な面の位置関係**」を確認しましょう。

「平行」というのは、正八面体に組み立てたときに「向かい合う面」のことです。

「4面でできた平行四辺形の両端が平行になる」んでしたね。

そうすると、次のようになります。同じ色のところが、平行になる面です。

色のついてない残った2面（AとE）も平行になります。

図2

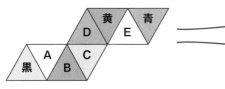

これだけわかったところで、与えられた条件か

法則！

「これだけは知っておきたい基礎知識」のところの「正八面体の展開図で、平行な面の位置関係」を参照してください。

ここに注目！

「黒とC」「Dと青」はすぐに気づけると思いますが、「Bと黄」は見落としがち。ご注意を。正八面体なので、すべての面に、並行になる面があります。

ちょっとヒトコト 実際の試験では色分けはできないので、並行になる面に同じ記号をつけるなど、自分にとってわかりやすい工夫をしてください。

ら、A〜Eに塗る色を考えていきましょう。

青は2枚あるわけですが、青に関する条件は次の2つ。

「青の1つは黄と向かい合う」

　　→こちらを仮に青①とします。

「青のもう1つは黒と向かい合うことも隣り合うこともない」

　　→こちらを仮に青②とします。

もともと青色に塗ってある面は、黒の面と隣り合います（図1より）。

とすると、こちらは青②ではありません。

ということは、**青①**です。

青①は「黄と向かい合う」ので、並行な面の**D**は黄色とわかります。

D は黄色

「赤と緑は向かい合う」

向かい合う面で、2色とも未定なのは、A と E だけ（図2より）。

A と E が、赤と緑になることがわかります。

どちらがどちらなのか？

「緑と黒は隣り合わない」という条件があるので、A には緑は入りません。

ということは、

A は赤　E は緑

残る面はBとC。残る色は青②と茶色。

青②は「黒と向かい合うことも隣り合うこともない」ので、Cではありません。Cは黒と向かい合うので（図2より）。

つまり、

B が青② C が茶

図に書き込むとこうなります。

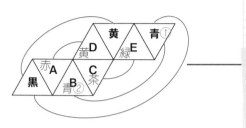

ちょっとヒトコト 青②のほうも、黄色と向かい合うことになります。

これは「青の1つは黄と向かい合う」という条件に反するのでは、と気になる人もいるかもしれません。

しかし、条件は「青の1つは黄と向かい合う」というだけで、もう1つは向かい合わないと言っているわけではありません。

ですから、問題ありません。むしろ、そこがひっかけに用いられています。

面の色がわかったところで、選択肢を検討していきましょう。

説明のために、図に P ～ S の記号をふりますね。

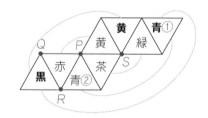

1

青と黄は2つずつありますが、赤と茶は1つずつなので、赤と茶に着目して、図と見比べてみましょう。

図の P を中心に合致しています。

ここでもう後は確認する必要はありせんが、ここではいちおうすべて見ておきましょう。

2

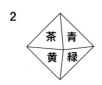

茶と緑は隣り合うはずなので、合致しません。

3

赤と黒に着目すると、図のQを中心に赤黒黄黄になるはずなので、合致しません。

4

赤と黒に着目すると、図のRを中心に黒赤青青になるはずなので、合致しません。

5

図のSを中心に黄黄緑茶になるはずなので、青が合致しません。

正解1　 正解！

• おさらい •

😄 **勝者の解き方！**

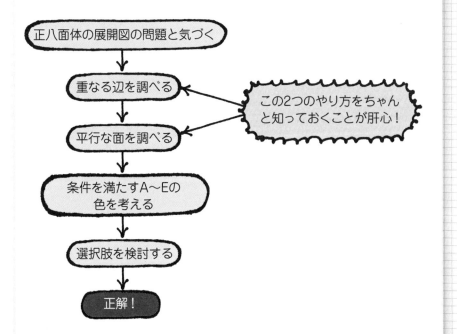

正八面体の展開図の問題と気づく

↓

重なる辺を調べる ← この2つのやり方をちゃんと知っておくことが肝心！

↓

平行な面を調べる

↓

条件を満たすA〜Eの色を考える

↓

選択肢を検討する

↓

正解！

😖 **敗者の落とし穴！**

◊ 頭の中で図形を組み立てようとして混乱する。

◊ 重なる辺や向かい合う面の位置関係がわからず、A〜Eの色を決められない。

◊ 選択肢の図がどこを指しているかわからない。

発言と真偽

★★★

すべての発言には愛がある！

§12 発言と真偽

発言どうしが複雑に絡み合う！

　誰かの発言が条件になっている問題は、判断推理ではたくさんあります。

　ただ、「発言と真偽」の問題では、**各人の発言どうしが絡みます**。そこがポイントです。

前の者の発言から、後の者が推理する！

　内容的には大きく2つです。

　まず1つ目は**「他人の発言から推理する問題」**で、自分より前の者の発言から知り得たことから、後の者が推理するという問題です。

　このタイプは、最近はあまり出題されていません。ただ、解き方を知らないと難しく、知っていれば簡単なので、知っておくほうが有利です。

ウソつき問題のほうがよく出る！

　もう1つは、真偽の問題です。いわゆる**「ウソつき問題」**。ウソの発言が出てくるタイプで、前者よりは頻出です。しかし、最近は出題がやや少なくなっている傾向にあります。

判断推理力磨きにぴったり！

　いずれにしても、「○○だとしたら？」ということから複雑に絡む問題が多いので、情報を丁寧に整理していかないと混乱します。そういう意味で、判断推理の実力が試されるというか、**力を養うのにもってこいの分野だと思います**。出題頻度は高くありませんが、多くの問題を経験する価値は十分にあります。

おさえておくべき 重要問題 の紹介

重要問題 1 **発言からの推理** ✹✹✹ ☞ P324

⟹ 前者の発言から推理する問題！

重要問題 2 **ウソつき問題（背理法）** ✹✹✹✹ ☞ P330

⟹ 仮定を立てて推理するタイプ！

重要問題 3 **ウソつき問題（対立）** ✹✹✹ ☞ P336

⟹ 対立する発言に着目して解くタイプ！

ここが ポイント！ 発言からわかることをきちんと整理すること！

12

発言からの推理

　ある学校の体育の授業で、A～Dの4人の生徒がA、B、C、Dの順に前を向いて縦一列に並んでいるところ、先生が4人の生徒に、赤い帽子4つ、白い帽子3つのうちから任意に1つを選んでかぶせた。生徒は、自分より前に並んでいる人の帽子の色はわかるが、自分自身と自分より後ろに並んでいる人の帽子の色はわからない。D、C、Bの順に、自分の帽子の色がわかるかどうかを問うと、3人とも「わからない」と答えた。3人の返事を聞いていたAが「自分の帽子の色がわかった」と答えた。4人全員が最初にあった帽子の数と色の内訳を知っており、自分より後ろの人の発言の内容を参考にして答えたことがわかっているとき、A～Dの帽子の色に関して言えることとして、最も妥当なのはどれか。

1　A、Bのどちらか1人の帽子の色は白色である。
2　Aの帽子の色は赤色である。
3　B、Cのどちらか1人の帽子の色は赤色である。
4　Cの帽子の色は赤色である。
5　Dの帽子の色は白色である。

（東京消防庁　2010年度）

この設問は 🖙 **他の人の発言から推理する問題です。**

 解くための下ごしらえ

長い文章題なので、必要な情報だけ、わかりやすいメモや図の形にして抜き出しましょう。

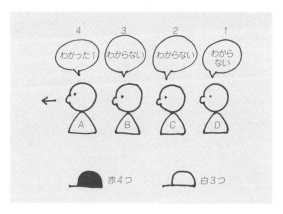

目のつけ所！

このタイプの問題は**「わからない」**という発言が多いです。

なぜわからないのか？

わかるだけの情報がないからです。

では逆に、どれだけの情報があれば「わかる」のか？

そこが目のつけ所となります！

最短で解く方法

選択肢の中から正解を選ぶためには、ABCDの帽子の色を知る必要があります。

そのためには、**発言した順番に**、その発言からわかることを推理していきます。

最初に発言したのはDです。

Dは「わからない」と発言しました。

Dには、自分の前のABCの3人の帽子の色が
すべて見えています。
ですから、もしABCがみんな白の帽子なら、
白の帽子は3つしかないのですから、自分は赤
の帽子とわかるはずです。

Dが「わからない」と答えたということは、
ABCのみんなが白の帽子ではない
＝少なくとも1人は赤の帽子がいる
ということです。

Dが「**わからない**」と答えたことで、じつは「ABC
のうち少なくとも1人は赤の帽子がいる」とい
うことが**わかる**のです。
ここが重要です！

そして、**このDの発言を、他のABCも聞いて
います。**
そして、**「ABCのうち少なくとも1人は赤の帽
子がいる」**ことを知ります。
これまた、とても重要なことです。

次にCが「わからない」と答えたとき、Cはこ
の「ABCのうち少なくとも1人は赤の帽子が
いる」という情報もわかっていた上で、「わか
らない」と答えているのです。

Cが「わかる」のは、どういう場合でしょうか？
CにはAとBが見えています。
AもBも白なら、「ABCのうち少なくとも1人
は赤の帽子がいる」のですから、自分が赤とわ
かります。

ちょっと
ヒトコト
ABCとも白の帽子なの
に、Dはうっかりして
いて、自分の帽子の色を「わ
からない」と答えてしまった。
という可能性はナシです。
現実には、そういうことは大
いにありえますが、この種の
問題では、登場人物は全員、
すべての情報を逃さず、完璧
な思考をすることになってい
ます。

なんでこうなるの？
「少なくとも1人」とい
うことは、2人が赤、3人全
員が赤ということもありうる
ということです。
赤の帽子は4つなので、ABC
が全員赤でも、Dは自分の帽
子の色が赤か白かわかりませ
ん。

ちょっと
ヒトコト
ABCがうっかりしてい
て、Dの発言からそう
いう情報が得られることに気
づかない。
ということは、先に述べたよ
うに、ナシです。
必ず気づく、ということで解
いてください。

ここに注目！
こういうふうに、誰かが発言
するたびに、情報が増えてい
きます。
そして、後から発言する人は、
必ずそれまでの情報をふまえ
ています。
これを忘れないように！

12

Cが「わからない」と答えたということは、
AとBの両方が白ではない
＝ **AとBの少なくとも一方は赤**だった
ということです。

Cの発言を聞いていたAとBも、「AとBの少なくとも一方は赤だ」という情報を得ます。

それをふまえて、Bは「わからない」と答えます。
Bが「わかる」のはどういう場合でしょうか？
BにはAが見えています。「AとBの少なくとも一方は赤だ」なのですから、もしAが白なら、自分が赤とわかります。
Bが「わからない」と答えたということは、
Aは白ではない＝ **Aは赤**ということです。

Bの発言を聞いていたAも、「Aは赤」という情報を得ます。
だから、Aは「わかった」と答えたのです。

ちょっとヒトコト Aは他の3人の帽子の色を見ることができないのに、他の3人が順番に発言したことで、その情報の蓄積から、自分の帽子の色がわかるのです。
ここが、この種の問題の面白いところです。
苦手な人にとっては、ややこしいところです。

12

選択肢2「Aの帽子の色は赤色である」が正解とわかります。

正解　2　 **正解！**

なお、A以外の帽子の色については、
わかっているのは、
「ABCのうち少なくとも1人は赤の帽子がいる」
「AとBの少なくとも一方は赤だ」
ということだけで、Aが赤なのですから、
BCDについては、赤も白も両方がありえます。

おさらい

😄 **勝者の解き方！**

```
┌─────────────────────────────┐
│ 発言から推理する問題と気づく │
└─────────────────────────────┘
              ↓
┌─────────────────────────┐        ╭──────────────────╮
│ Dが「わからない」と      │ ←──── │ 発言した順番に    │
│ 答えたことから           │        │ 検討していく      │
│ わかることを推理する     │        ╰──────────────────╯
└─────────────────────────┘
              ↓
┌─────────────────────────┐        ╭──────────────────╮
│ Cが「わからない」と      │ ←──── │ 「わかるのは      │
│ 答えたことから、         │        │ どういう場合か？」を考え、│
│ わかることを推理する     │        │ それを否定する    │
└─────────────────────────┘        ╰──────────────────╯
              ↓
┌─────────────────────────┐        ╭──────────────────────╮
│ Bが「わからない」と      │ ←──── │ 次の人は、前の人の発言から│
│ 答えたことから           │        │ わかったことをふまえて  │
│ わかることを推理する     │        │ 発言していることを     │
└─────────────────────────┘        │ 忘れないように！       │
              ↓                     ╰──────────────────────╯
┌─────────────────────────┐
│ Aが「わかる」ことを確認する │
└─────────────────────────┘
              ↓
        ┌──────────┐
        │ 正解！   │
        └──────────┘
```

12

敗者の落とし穴！

◦ 「わからない」という発言から「わかる」ことがあることに気づかない。

◦ 帽子の数に制限があることを見落とす。

◦ 「わかる」場合を考えて否定するのではなく、「わからない」場合をいろいろ考えて混乱する。

◦ 前の人の発言をふまえるということに気づかず、Aが「わかる」ことが理解できない。

◦ すべての場合を書き上げて検討しようとする。

◦ B〜Cの帽子の色が特定できないことに気づかず、つきとめようとして、時間をロスする。

　A〜Eの5人が、登山をしたときに山頂へ到着した順番について、それぞれ次のように発言している。

　A　「私はDの次に到着した。」「CはEの次に到着した。」
　B　「私はEの次に到着した。」「Aは最後に到着した。」
　C　「私はBの次に到着した。」「EはDの次に到着した。」
　D　「私は最後に到着した。」「BはEの次に到着した。」
　E　「私はAの次に到着した。」「AはCの次に到着した。」

　5人の発言の一方は事実であり、他方は事実ではないとすると、最初に到着した人として、正しいのはどれか。ただし、同着はないものとする。

1　A
2　B
3　C
4　D
5　E

（東京都Ⅰ類B　2014年度）

この設問は **仮定を立てて推理するタイプです。**

 解くための下ごしらえ

A〜Eの発言を、ひと目でわかるメモの形に変えましょう。

A～Eの5人の発言→ ○と×		
A	DA	EC
B	EB	A＝5
C	BC	DE
D	D＝5	EB
E	AE	CA

目のつけ所！

真偽の問題の多くは、「**仮定を立てて発言の真偽を調べ、どこかで矛盾が起これば、その仮定は×**」という「**背理法**」のような解き方をします。

本問のようなタイプでは、誰かの発言（一般にAでOK）の片方を○とすると、もう片方が×になり、また、○の内容と関連する他の発言につなげることで、各人の発言の真偽が判断できます。

大事なのは、○×だけでなく、そこから**判明すること**（本問の場合は順序関係）をきちんと整理することです。

12

最短で解く方法

「目のつけ所！」で述べたように、まずは誰か
の発言の片方を○と**仮定**してみます。
誰のどの発言でもかまいません。
ここではAの最初の発言を○と仮定してみま
しょう。

A「私はDの次に到着した。」
が○とすると、後半の「CはEの次に到着した」
は×ということに。————————

DAが○だとして、他の条件をながめてみると、

B　　EB　　　A = 5
C　　BC　　　DE
D　　D = 5　　EB
E　　AE　　　CA

Cの後半、Dの前半、Eの後半が×とわかります。

ということは、逆に、

C　　**BC**　　　DE
D　　D = 5　　**EB**
E　　**AE**　　　CA

この3つ（Cの前半、Dの後半、Eの前半）は
正しいということになります。

 なんでこうなるの？
設問文に「5人の発言
の一方は事実であり、他方は
事実ではない」とあるので。
「私はDの次に到着した」が
○なら、もう一方の「CはE
の次に到着した」は×。

なんでこうなるの？
DAが○なら、
DEは×ということになりま
す。
D = 5（Dがラスト）という
こともありえません。
CAも×ということになりま
す。

最初の DA も含め、

DA BC EB AE

をうまく並べることができるか、確認してみま
しょう。

同じ記号を探して並べ替えると、

DA AE EB BC

と、ちゃんとつながります。

DAEBC

残っている

B   EB   A = 5

も確認すると、
前半の EB が○で後半が×ということで問題あ
りません。

矛盾はないので、成立します。─────────

最初に到着したのは D とわかります。

正解　4　

本番では、ここまでやる必要はありませんが、
ここでは、**「A の前半が×」**と仮定した場合も
いちおう確認しておきましょう。

A   DA   EC
A の前半が×　→　後半が○
EC が○ということに。

そうすると、

これがコツ！

ここで矛盾が生じた場合には、
最初の仮定「A の前半が○」
が間違っていたということで
す。
「A の後半が○」ということが
確定するので、それをもとに
考えていけばいいのです。

12

B	EB	**A = 5**
C	BC	DE
D	**D = 5**	EB
E	AE	CA

Bの前半、Dの後半が×。

つまり、Bの後半、Dの前半が○。

A = 5が○で、D = 5が○ということに。

5位が2人もいて、明らかに矛盾しています。

「Aの前半が×」という仮定は間違っていることがわかります。

つまり、「Aの前半は○」が間違いないということです。

● おさらい ●

😄 勝者の解き方！

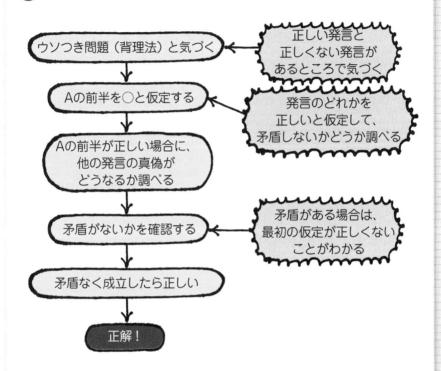

ウソつき問題（背理法）と気づく ← 正しい発言と 正しくない発言が あるところで気づく

Aの前半を○と仮定する ← 発言のどれかを 正しいと仮定して、 矛盾しないかどうか調べる

Aの前半が正しい場合に、 他の発言の真偽が どうなるか調べる

矛盾がないかを確認する ← 矛盾がある場合は、 最初の仮定が正しくない ことがわかる

矛盾なく成立したら正しい

正解！

12

☓☓ 敗者の落とし穴！

◌ 仮定を立てずに解こうとして混乱する。

◌ Aの前半○から他へつなげずに、また、Bの前半を○と仮定を繰り返す。

◌ 片方が×ならもう片方が○になることに気づかず、先へつながらない。

◌ ○×の推理だけにとらわれて、順序関係を調べることを忘れる。

◌ Aの前半○から答えが出ているのに、さらに後半を確認し時間をロスする。

　体育館にいた A、B、C、図書館にいた D ～ G の計 7 人が次のような発言をしたが、このうちの 2 人の発言は正しく、残りの 5 人の発言は誤っていた。正しい発言をした 2 人の組合せとして最も妥当なのはどれか。ただし、7 人のうちテニスができる者は 2 人だけである。

　　A：「私はテニスができない。」
　　B：「テニスができる 2 人はいずれも図書館にいた。」
　　C：「A、B の発言のうち少なくともいずれかは正しい。」
　　D：「E はテニスができる。」
　　E：「D の発言は誤りである。」
　　F：「D、E の発言はいずれも誤りである。」
　　G：「図書館にいた 4 人はテニスができない。」

　1　A、C
　2　A、G
　3　B、F
　4　C、E
　5　E、G

（国家一般職　2013 年度）

この設問は 🖙 **対立する発言に着目して解くタイプです。**

 解くための下ごしらえ

文章中に書かれている情報を、ひと目でわかるようにメモの形に変えましょう。

A～C→体育館
D～G→図書館

○→2人
×→5人

テニスができる→2人

 **目のつけ所！**

正しい発言と誤った発言があるので、発言どう
しは対立しています。

まずは、Eの発言に着目します。

こういう「アイツはウソつき」という発言は、「ア
イツ○ならオマエ×」「アイツ×ならオマエ○」
という、○と×の組合せになります。

**こういう対立する組合せを見つけた場合、「じゃ
あ、どっちが○？」は、とりあえず置いといて、
○×の数から（この設問なら○2×5）、他の
人の発言の真偽に目を向けるのがポイントにな
ります。**

最短で解く方法

E：「Dの発言は誤りである。」

こういう、**「アイツはウソつき」という発言は、
要注目です。**

誤りだとEに言われているDと、2つ並べて考

えてみましょう。

D：「Eはテニスができる。」

E：「Dの発言は誤りである。」

もしEの発言が正しいなら、「Dの発言は誤りである」ということになります。

もしEの発言が誤りなら、「Dの発言は誤りである」が誤りということなので、Dの発言は正しいということになります。

同じことで、

もしDの発言が正しいなら、Eの発言は誤りということになります。

もしDの発言が誤りなら、Eの発言は正しいということになります。

つまり、DとEは、一方が○ならば一方は×という関係なのです。

両方正しい、両方誤りということはありえません。

DとEは対立関係にあるのです。

Fは×とこの時点でわかります。

DとEは、○と×あるいは×と○です。

とにかく、どちらか一方は○です。——

○は全部で2つなので、**他のA〜C、Gの中にもう1つ○があるはずです。**それをさがしましょう。

C：「A、Bの発言のうち少なくともいずれかは正しい。」

今度は「アイツはウソつき」ではなく「アイツ

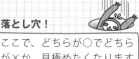

落とし穴！

ここで、どちらが○でどちらが×か、見極めたくなりますが、それはこの問題の落とし穴です。落ちないように。

そこにはこだわらずに、もう1つの○のありかをつきとめようとすることが、コツです！

は正しい」ですが、**これも要注目です。**

もしCが〇なら、AとBのどちらかが、もう1つの〇ということになります。
でも、それでは〇の数が2つになり、先のDかEの〇と合わせて、全部で3つになってしまいます。
〇の数は2つなのですから、これは矛盾します。
つまり、**Cは×ということです。**
ということは、「A、Bの発言のうち少なくともいずれかは正しい」は誤りです。
AとBは両方とも×とわかります。

？ なんでこうなるの？
「A、Bの発言のうち少なくともいずれかは正しい」というのは、
A〇　B〇
A〇　B×
A×　B〇
のどれかだということです。
それが誤りということは、残る組合せは、
A×　B×
のみです。

A〜Cがすべて×なので、残るのはGだけです。
Gがもう1つの〇とわかります。

G：「図書館にいた4人はテニスができない。」
は正しいということです。
「図書館にいたD〜G」と設問文にあります。
つまり、
D：「Eはテニスができる。」
は誤りです。
E：「Dの発言は誤りである。」
が正しいことがわかります。

つまり、〇は、EとG。

正解　5　

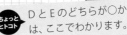
DとEのどちらが〇かは、ここでわかります。

12

😄 勝者の解き方！

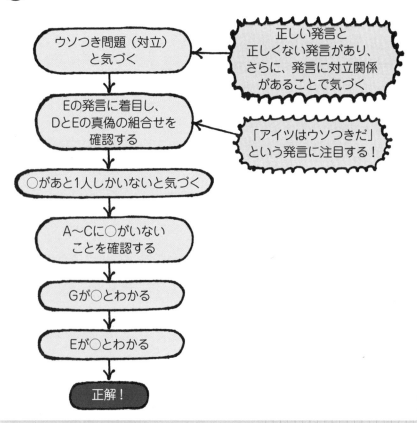

ウソつき問題（対立）
と気づく

← 正しい発言と
正しくない発言があり、
さらに、発言に対立関係
があることで気づく

Eの発言に着目し、
DとEの真偽の組合せを
確認する

← 「アイツはウソつきだ」
という発言に注目する！

○があと1人しかいないと気づく

A～Cに○がいない
ことを確認する

Gが○とわかる

Eが○とわかる

正解！

😵 敗者の落とし穴！

- 発言の対立に着目せず、仮定を立てて解こうとする。
- ○が2人しかいないという条件を見落として混乱する。
- 最初からDとEのどちらが○かを、つきとめようとして時間をロスする。
- 体育館と図書館にこだわって、推理が進行しない。
- ○の2人とテニスができる2人を混同して、推理を誤る。

位相とサイコロ

★ ★

点と線の深イイ関係

§13　位相とサイコロ

位相学（トポロジー）とは？

　位相学とは、**点と線の関係を考える**数学の　分野です。

　§3「対応関係」でも、「グラフ」を使った解法を紹介しておりますが、「グラフ」も点と線で関係を表したものですから、仲間ですね。

　位相の問題としては、与えられた図形で、**点と線の関係が同じである図（同相）を選ぶ問題**が、数は少ないですが、昔から国家総合職や東京都などで出題されております。

一筆書きが頻出！

　位相の問題としては、**一筆書き**が有名で、以前は、特別区でよく出題されていました。

　一筆書きの問題の中には、**ルールさえ覚えれば簡単に解ける**ものも多く、また、「重要問題1」のような少しひねった問題でも、ルールを知っていればそれほど難しくはありません。

立方体の位相図だけ描ければ OK ！

　あと、位相図ですが、点と線の関係を保ったまま平面化した図、と言ってもわかりにくいでしょう。

　でも、**立方体以外は使うことがありませんので、立方体の位相図さえ描けるようにしておけばいいでしょう。**

サイコロの問題は立方体の位相図で解く！

　立方体の位相図は、サイコロの問題を解くときに大活躍します。

　問題のタイプとしては、「重要問題2」のような、サイコロを「並べる」問題と「転がす」問題があり、後者は、問題によっては消しゴムを転がして解けることもあります。

おさえておくべき 重要問題 の紹介

重要問題 1 **一筆書き** ☀☀☀ ☞ P349
⟹ 一筆書きができる図形の問題。ルールを覚えておくことが肝心！

重要問題 2 **サイコロ** ☀☀☀☀ ☞ P353
⟹ サイコロの目を考える問題。位相図という図に整理して解く！

ここがポイント！ 点と線の関係だけが重要で、大きさや形は無視できる場合は、位相図という図が便利です。

サイコロの目を調べるのによく使う図ですが、**立体図形を平面上で処理するためのテクニック**ですね。

第9章で使用した「1段スライス」と並んで有名な方法です。

13

これだけは知っておきたい基礎知識

> ▭▶ サイコロの性質
> ▭▶ 一筆書きできる図形の条件

▭▶ サイコロの性質

例題1

図のサイコロの下側の目はいくつ？

> **ココだけ！**
>
> サイコロの向かい合う目は足すと**7**
> （ただし、例外もあります）

通常のサイコロの目は、向かい合っている目を足すと7になるように配置されています。

このサイコロは上側の目は4ですから、下側は**3**になります。

見えている目によって、向かい合っている、見えていない面の数もわかるわけです。

同じように、右手前側の6の向かい側は1、左手前の2の向かい側は5になります。

つまり、次の図のようになっています。

13

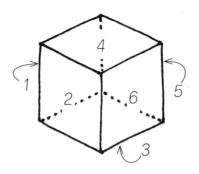

　じつは、これは絶対の決まりというわけではありません。

　公務員試験では、9割の問題はこの法則通りですが、**そうでないサイコロが使われることもあります**。たとえば、1の目の向かいに2がくる可能性もあります。

　向かい合う面は7と、頭から決めてかかるのは危険です。ちゃんと設問を見ることが大切です。

✏️ 一筆書きできる図形の条件

例題2

下の図のうち、一筆書きできるものはどれ？

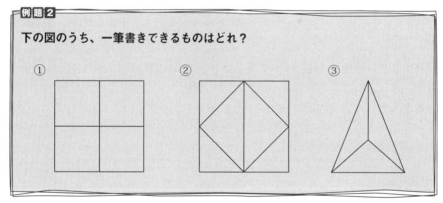

ココだけ！

　一筆書きできる図形の条件は、**奇点が0個か2個**。

ここで、詳しく見ていくことにしましょう。

偶点：点に集まる線の数が偶数

このように点を直線が通過している場合でも、2本と数えます。
なぜなら、点に入ってくる線が1本で、出ていく線が1本だからです。
一筆書きでは、点に入ってくる線、出ていく線が重要なのです。

奇点：点に集まる線の数が奇数

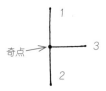

　一筆書きができるということは、すべての線を一回ずつ通るということです。
　では、「奇点のない図形」と「奇点のある図形」のそれぞれについて考えてみましょう。
「奇点のない図形」とは、すべて偶点でできている図形です。
　たとえば下の図のように1〜4の4本の線が集まる点（偶点）であれば、1の線から入って、2の線から出て、3の線から入って、4の線から出て、というように「入ってくる線」と「出ていく線」が2本で1組のペアとなり、すべての線を通ることができます。

　そうすると、すべて偶点でできている図形であれば、このようにすべての線を通ることが可能となり、一筆書きができます。

「奇点が0個」の図形が一筆書きが可能なのは、そういうことです。

では、「奇点のある図形」はどうでしょう。

たとえば下の図のように1〜3の3本の線が集まる点（奇点）であれば、1の線から入って2の線から出て、3の線から入って、そのあとの出口がないので、そこで終わってしまいます。

これでは次につながっていきませんね。

でも、そこで終わってもいい点もあります。

そう「**終点**」です。

そこが終点であれば、最後の出口がなくてもOKです。3の線は「書き終わりの線」となるわけですから、終点は奇点でもOKです。

そうするともうひとつ、奇点でもいい点がありますね。

「**始点**」です。同じく3本の線が集まる奇点でも、次のように1の線から出て、2の線から入って、3の線から出ていくのであれば、次につながっていきます。

1の線が「書き始めの線」となるわけで、始点も奇点でもOKです。

これより、始点と終点だけは奇点でもOKとわかりました。

しかし、それ以外に奇点があっては、一筆書きはできません。

「奇点が2個」の図形が一筆書き可能なのは、片方が始点で、もう片方が終点となることができるからです。

　ちなみに、「奇点が0個」の図形は始点と終点が同じ点です。「書き始めの線」と「書き終わりの線」が1つの点に集まるので、その点も偶点となります。

　同じ「一筆書きができる図形」でも「奇点が2個」だと始点と終点は別の点となり、「奇点が0個」だと同じ点となることも合わせて覚えておきましょう。

　そういう目で、①〜③の図を見てみましょう。
奇点に印をつけてみます。

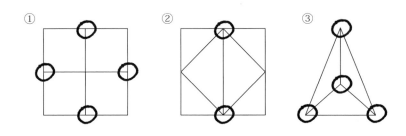

　すると、①は奇点が4つ、②は奇点が2つ、③は奇点が4つあります。
一筆書きできるのは②だけで、①と③はできないということです。
　答えは②。

　いちいち一筆書きできるか試していたら、大変な時間がかかりますが、「一筆書きできる図形の条件は、奇点が0個か2個」というルールを知っていれば、すごく簡単ですね。
　これを知っているだけで解ける問題もあります。

次の図のような、同じ長さの線 64 本で構成された図形がある。今、この図形から何本かの線を取り除いて一筆書きを可能にするとき、取り除く線の最少本数はどれか。

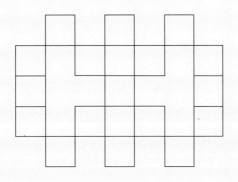

1　2本
2　3本
3　4本
4　5本
5　6本

（特別区 I 類　2015 年度）

この設問は **一筆書きができる図形の問題です。ルールを覚えれば簡単です。**

 解くための下ごしらえ

文章題に出てくる条件を整理して、わかりやすいメモにしましょう。

線 64 本で構成された図形
何本か取り除く→一筆書き可能にする
最少で何本か？

ちょっと
ヒトコト
こういう言い方をすると、何かとても難しく見えますが、「最小の長さの線を 1 本と数える」ということを言っているだけです。

目のつけ所！

パッと見は、とても複雑で難しい問題に見えますが、「一筆書きができる図形の条件」を知っていれば簡単です！

法則！

例題2「一筆書きできる図形の条件」を思い出してください。
「一筆書きできる図形の条件は、奇点が0個か2個」でしたね。
奇点というのは、点に集まる線の数が奇数ということ。
偶数なら、偶点です

最短で解く方法

一筆書きできる図形にするためには、**奇点を0個か2個**にすればいいのです。

現在は奇点が何個あるのか、まずそれを数えてみましょう。

線が奇数本集まっている点を探せばいいのです。

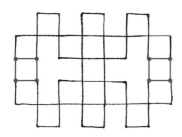

奇点は以上の8個だけです。 他はすべて偶点です。

奇点どうし線でつながっているので、その線も

赤くしてみました。

この線を1本取り除くと、2個の奇点がいっぺんに偶点になります。
たとえば、こんなふうに。

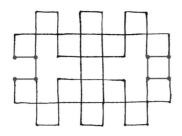

左端の2個の奇点が、両方とも偶点になりましたね。

では、何本取り除けば、奇点は0個か2個になるでしょうか？

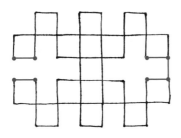

3本取り除くと、奇点は右端の2個だけになりました。
もう1本取り除くと、奇点は0個になりますが、4本よりも3本のほうが少ないので、**最少の本数は3本**ということになります。

正解　2　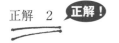

13

これがコツ！

次の1本をたとえばこんなふうに取り除くと、奇点は1個減りますが、1個増えてもしまいます。

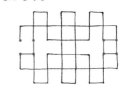

でも、次のように取り除くと、奇点を2個減らせます。

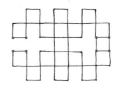

取り除く最少本数が問われているので、このようにして、少ない本数でなるべく多くの奇点を減らしていきましょう。

おさらい

😄 勝者の解き方！

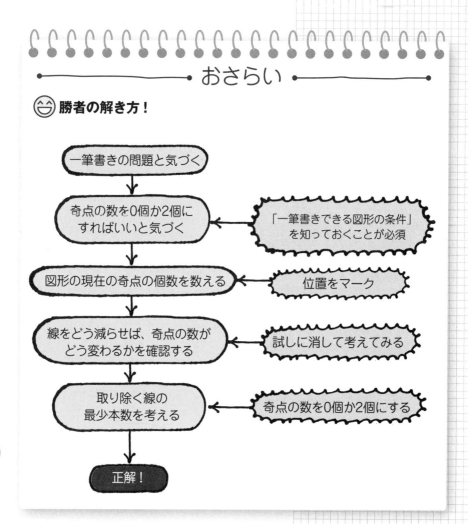

一筆書きの問題と気づく

↓

奇点の数を0個か2個に
すればいいと気づく ← 「一筆書きできる図形の条件」
を知っておくことが必須

↓

図形の現在の奇点の個数を数える ← 位置をマーク

↓

線をどう減らせば、奇点の数が
どう変わるかを確認する ← 試しに消して考えてみる

↓

取り除く線の
最少本数を考える ← 奇点の数を0個か2個にする

↓

正解！

😫 敗者の落とし穴！

🔥 複雑な図形を見ただけで、難しそうとあきらめる。

🔥 「一筆書きができる図形の条件」を覚えていない。

🔥 少ない本数で奇点を減らす、線の取り除き方に気づかない。

次の図Ⅰのような展開図のサイコロがある。このサイコロを図Ⅱのとおり、互いに接する面の目の数が同じになるように4個床に並べたとき、床に接した4面の目の数の積はどれか。

図Ⅰ

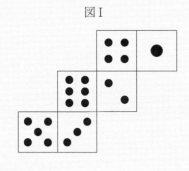

図Ⅱ

1 8

2 12

3 20

4 48

5 120

（特別区Ⅰ類　2021年度）

13

この設問は 👉 サイコロの目を考える問題で、位相図という図に整理して解きます。

 解くための下ごしらえ

文章題に出てくる条件を整理して、わかりやすいメモにしましょう。

> サイコロ4個並べる
> 互いに接する面の目の数が同じになる
> 床に接した面の目の積を求める

サイコロの見えない面の目を考えなければなりません。サイコロが1つなら、まだ頭の中だけでもできますが、4つとなると、図に描かないと間違えてしまいます。

どういう図に描くか？　そこで便利なのが、**位相図**です。

最短で解く方法

まず、展開図の重なる辺を調べましょう。

図1

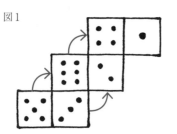

立体に組み立てたときに向かい合う面を確認すると、1と6、2と5、3と4が向かい合う**普通のサイコロ**と確認できます。

これで、見えている面から、見えない面の目の数を知ることができます。

> ちょっとヒトコト　「正多面体と展開図」の章の「展開図の重なる辺の探し方」を思い出してください。292ページに説明があります。
>
> 展開図の重なる辺の見つけ方
> ①最小の角をはさむ2辺は、重なる。
> ②その隣どうしの辺も重なる。（※ただし、2つの面で重なるのは1辺だけ）
> ③さらに、②の隣どうしの辺も重なり、それがずっとくり返される。
> ④隣の辺に重ねられない場合は、さらにその隣の辺と重なる。

> ちょっとヒトコト　344ページの「サイコロの性質」で説明したように、サイコロの向かい合う目は足すと7です。ただし、設問によっては、そうでないサイコロが使われることもあるので、確認が必要です。

13

「このサイコロを図Ⅱのとおり、互いに接する
面の目の数が同じになるように4個床に並べた
とき」の**位相図**を描きましょう。

まず、図Ⅱでわかる目の数を記入します。

そして、向かいの面の目の数も記入します（足
して7になる数です）。

残る面を①〜⑧とします。

図2

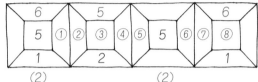

展開図から、時計回りに**5 → 6 → 3**と並んでい
ることがわかります。

図3

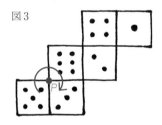

つまり、図2の**①は3**です。

4つのサイコロは**「互いに接する面の目の数が
同じになるように」**に並べてあるのですから、
②も3ということになります。

ということは、7 − 3 = 4で、**④と⑤は4**です。

そして、**⑥と⑦は3**です。

図4

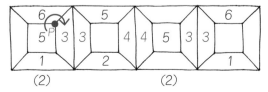

便利なやり方!

位相図というのは、点と線の
関係を保ったまま平面化した
図です。
と言っても、わかりにくいで
すね。
底面をグワッと広げて、上から
プシューッと押さえつけた図を
イメージしてみてください。
ここでは上面から見下ろすか
たちで、立体のサイコロを平
面に押しつぶしています。

13

これがコツ!

1頂点の周りに集まる3面の
目の並び方から、不明な面の
目を考えます。
これは、サイコロの問題でよ
く使うテクニックです!

また、同じように展開図から、反時計回りに
3 → 2 → 6 と並んでいることがわかります。

図5

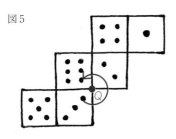

つまり、図2の③は **6** です。

また、⑧は **2** です。

図6

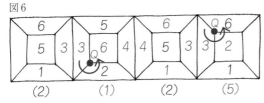

左から2番目の底面は **1**、一番右の底面は **5** と
わかります。

底面の目の数の積は、

$2 \times 1 \times 2 \times 5 = \mathbf{20}$

正解　3

おさらい

😄 勝者の解き方！

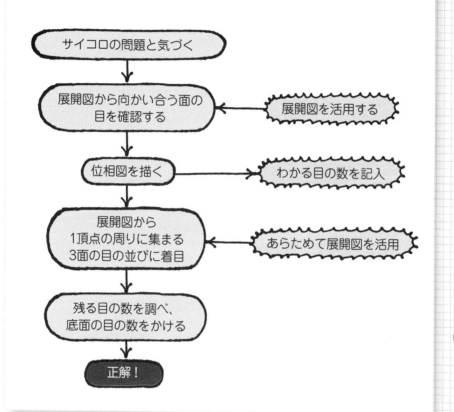

サイコロの問題と気づく

↓

展開図から向かい合う面の
目を確認する ← 展開図を活用する

↓

位相図を描く → わかる目の数を記入

↓

展開図から
1頂点の周りに集まる
3面の目の並びに着目 ← あらためて展開図を活用

↓

残る目の数を調べ、
底面の目の数をかける

↓

正解！

13

💢 敗者の落とし穴！

- 展開図の重なる辺を調べる方法を知らず、向かい合う面の組合せがわからない。
- 位相図を描かず、見取り図の中に目の数を書き入れて混乱する。
- 不明な面の目の数を調べることができず、間違えた目の数を記入してしまう。

操作・手順

★★

出題率▲でも、コスパ◎！

たくさんの金貨が入った袋が3つあります。
ただし、そのうちの1袋に
入っている金貨はすべて偽物です。
本物の金貨は100グラム、
偽物の金貨は本物より10グラム重いです。
秤を1回だけ使って、どの袋に
ニセの金貨が入っているか当ててください。

これは『刑事コロンボ』
にも出てきた問題よ

刑事
コロンボ
Columbo
DVD

1回って……
無理でしょ！

【解答】
1つ目の袋からは金貨を1枚、2つ目の袋からは金貨
を2枚、3つ目の袋からは金貨を3枚取り出して、それら
全部をまとめて秤にかけます。
■610グラムだった場合→1個目の袋からとった金貨
■620グラムだった場合→2個目の袋からとった金貨
■630グラムだった場合→3個目の袋からとった金貨
が偽物だとわかります。

§14 操作・手順

出題率は低いけれど、捨てるには惜しい！

　判断推理の中で最もマイナーな存在かもしれません。出題率は低く、たまに見るね、といった印象しかないでしょう。

　しかし、**捨てるには惜しいのです！**　なぜなら、**覚えれば解ける**という問題が多いからです。

解き方を知っていれば解ける問題！

　この分野の問題は大きく2つに分かれます。

　1つは、**パターン通りの問題**で、解法が決まっています。数は少ないですが、**公式やルールにあてはめて解けば、誰でも解けます。**

　具体的には、上皿てんびんで偽物を見つける必要回数、上皿てんびんで重さを計るときに必要な分銅、ハノイの塔などの移動問題、油分け算、ゲームの必勝法（重要問題2参照）などがあります。

　てんびんの操作やゲームの必勝法などは、その理由（仕組み）を理解することで、典型的な問題以外にも応用することができるでしょう。

推理力が必要な問題！

　そして、もう1つは、**自分の頭で考えて解く問題**です。題材的には、前者と同様、てんびんなどを使った問題もありますし、カードやコインを使ったゲームのような問題も多いです。このタイプの問題は、与えられた条件（操作結果）から推理をする問題で、結論から逆算して考えるものが多いです。また、1つ目のタイプを少し変えて応用問題として出題されるパターンなどもあります（重要問題1参照）。

おさえておくべき 重要問題 の紹介

重要問題 1 てんびん問題 ✴●✴ ☞ P365

⟹ 最も古典的なタイプ。ただし、少し応用力を要する問題！
左のページで紹介した 2 つ目のパターンの問題です。

重要問題 2 ゲームの必勝法 ✴●✴ ☞ P369

⟹ 左のページで紹介した 1 つ目のパターンの問題。解き方を
知っていれば解けます。先手が勝つための必勝法をマスター
しよう！

ここがポイント！ てんびんは「つり合う」「つり合わない」のそれぞれの場合で
考えます。

ゲームの必勝法も、典型外の問題では相手の出方で場合分けをするなど、**それ
ぞれの状況に応じて考える**というのが基本方針になります。

14

これだけは知っておきたい基礎知識

✏️ てんびんの操作回数

例題

7枚の金貨がある。その中に1枚だけ偽物が混ざっており、その偽物は少し軽いことがわかっている。てんびんを何回使えば、偽物を確実に特定することができる?

「てんびん問題」の基本型です。

まず、金貨を3つのグループに分けます。

「てんびんの一方にのせるグループ」「もう一方にのせるグループ」「のせないグループ」です。仮に、Aグループ、Bグループ、Cグループとします。

7枚で、三等分できないので、Aグループ2枚、Bグループ2枚、Cグループ3枚とします。

Aグループ2枚とBグループ2枚をてんびんに乗せます。

Aグループのほうが軽い場合と、Bグループのほうが軽い場合と、釣り合う場合と、3つの結果がありえます。

Aグループのほうが軽い場合、Aグループの2枚のうちに偽物があるということです。

この2枚を、1枚ずつてんびんにのせれば、どちらが軽い1枚かわかります。つまり、てんびんを2回使えば、偽物を特定できます。

Ｂグループのほうが軽い場合、同じことで、この２枚を、１枚ずつてんびんにのせれば、どちらが軽い１枚かわかります。つまり、てんびんを２回使えば、偽物を特定できます。

　釣り合った場合、Ｃグループに偽物があります。
　今度は３枚なので手数がかかるかというと、そんなことはありません。
　じつは３枚までなら、その中にある偽物を、てんびんを１回使うだけで特定できるのです。
　どうするかというと、Ｃグループの３枚のうち（仮にC1、C2、C3とします）、C1とC2をてんびんで比較してみると、重さがちがったら、軽いほうが偽物です。同じなら、C3が偽物だということになります。
　つまり、これも２回で、偽物を特定できます。

　どの場合も、てんびんを２回使えば、偽物を特定できるのです。
　ですから、答えは「**２回**」です。

　では、３回以上、てんびんを使わなければならなくなるのは、どういう場合でしょうか？
　先にも述べたように、「３枚までなら、その中にある偽物を、てんびんを１回使うだけで特定できる」のです。
　４枚になると、２回てんびんを使う必要があります。そして９枚までは２回ですみます。
　なぜなら、９枚までなら、３つのグループに分けたとき、１つのグループが３枚以内になります。１回てんびんを使って、３枚以内に絞って、もう１回てんびんを使えば答えが出るので、**２回**ですみます。
　そして、27枚までなら、３つのグループに分けたとき、１つのグループが９枚以内になり、１回てんびんを使って９枚以内に絞れるので、あとは９枚以内のときと同じで２回てんびんを使います。計３回です。
　つまり、３枚までなら１回、９枚までなら２回、27枚までなら３回というふうに増えていきます。
　これを法則化すると、次のようになります。

14

n 個のうち偽物が1つで、本物より重いか軽いかわかっているときは、
てんびんを使う回数は、

3^n 個までは n 回

金貨が $3^1 = 3$ 枚までなら1回。4枚から、$3^2 = 9$ 枚までなら2回。10枚から、$3^3 = 27$ 枚までなら3回……以下同様です。

最後に ヒトコト

なお、偽物が1個ではなかったり、重いか軽いかわからない場合には、また事情が少しちがってきます。

ただ、基本となる解き方さえ理解しておけば、その応用で解くことができるようになっています。

14

重要問題 1　てんびん問題 ☀ ● ☀

　見かけが同じ 13 枚のコイン A1、A2、A3、A4、B1、B2、B3、B4、C1、C2、C3、C4、C5 がある。この中に 1 枚だけ重さの異なるコインが紛れている。天秤を 3 回使って重さの異なる 1 枚のコインを見つけたい。天秤を 1 回使って A1、A2、A3、A4 の 4 枚と B1、B2、B3、B4 の 4 枚の重さが等しいことが分かった。このとき、重さの異なるコインを見つけるために 2 回目にコインを天秤にかける方法として最も適当なのはどれか。

1　C1 と C2 を天秤にかける。

2　C1、C2 の 2 枚と C3、C4 の 2 枚を天秤にかける。

3　A1、C1 の 2 枚と C2、C3 の 2 枚を天秤にかける。

4　A1、C1、C2 の 3 枚と C3、C4、C5 の 3 枚を天秤にかける。

5　どのように天秤にかけても 3 回目で見つけるのは不可能である。

（裁判所職員　2013 年度）

この設問は ☞ 最も基本的なタイプですが、この問題は少し応用力を必要とします。

 解くための下ごしらえ

文章題の条件をよく確認し、わかりやすいメモにしましょう。

> 全 13 枚　偽物 1 枚　重いか軽いかわからない
> てんびん 3 回
> 1 回目→ A1 〜 A4 = B1 〜 B4
> 2 回目は？

> ちょっと ヒトコト　仮に、重さの異なるコインのことを「偽物」
> 正常な重さのコインのことを「本物」
> と呼びます。

14

 目のつけ所！

「A1、A2、A3、A4 の 4 枚と B1、B2、B3、B4 の 4 枚の重さが等しい」ということは、これらの中に偽物はありません。

「C の 5 枚から重さの異なるものを見つければいいんだ！」と思って、**A、B のコインを無視してしまいがちです。**

落とし穴！

これがこの問題の落とし穴です。
C の 5 枚のことしか考えなくなると、解けません。

本物とわかっている A、B のコインをどう使うかがポイントです。

最短で解く方法

選択肢のやり方でうまくいくかどうか、確認してみましょう。

1　C1 と C2 を天秤にかける。

C1 ≠ C2　→　3 回目に C1 と A1 を比べればわかります。C1 = A1 なら C2 が偽物。C1 ≠ A1 なら C1 が偽物。

A1 と比較するというのは、すでに本物とわかっているコインと比較するということです。
なお、「≠」は「重さが異なる」ということ。「=」は「釣り合う（重さが同じ）」ということです。

C1 = C2　→　偽物は C3 ～ C5 のいずれか。重いか軽いかわからないので、あと 1 回では無理。✕です。

ここに注目！

C3 と C4 をてんびんにかけたとき、釣り合えば、C5 が偽物とわかります。
でも、釣り合わなかったとき、C3 と C4 のどちらが偽物かわかりません。重いか軽いかわかっていないからです。
もう 1 回てんびんを使って、C3 と C4 のどちらか一方と、すでに本物とわかっているコイン、たとえば A1 を比較する必要があります。

2　C1、C2 の 2 枚と C3、C4 の 2 枚を天秤にかける。

C1、C2 = C3、C4　→　偽物は C5 とわかります。
C1、C2 ≠ C3、C4　→　偽物は C1 ～ C4 の中に。あと 1 回では無理。✕です。

3　A1、C1 の 2 枚と C2、C3 の 2 枚を天秤にかける。

A1、C1 = C2、C3　→　偽物は C4 か C5 とわ

14

かります。

3 回目に、C4 と A1 を比べます　→　C4 = A1
なら C5 が偽物。C4 ≠ A1 なら C4 が偽物。

A1、C1 ＞ C2、C3　→　C1 が偽物で重いか、
C2、C3 のどちらかが偽物で軽いかです。
3 回目に、C2 と C3 を比べます　→

$\qquad$ C2 ＞ C3 なら C3 が偽物。

$\qquad$ C2 ＜ C3 なら C2 が偽物。

$\qquad$ C2 = C3 なら C1 が偽物。

A1、C1 ＜ C2、C3　→　C1 が偽物で軽いか、
C2、C3 のどちらかが偽物で重いかです。
3 回目に、C2 と C3 を比べます　→

$\qquad$ C2 ＞ C3 なら C2 が偽物。

$\qquad$ C2 ＜ C3 なら C3 が偽物。

$\qquad$ C2 = C3 なら C1 が偽物。

いずれの場合も、3 回で特定できます！

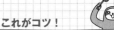

これがコツ！

> 1 回目で本物とわかっている
> ものを、2 回目に混ぜるのが
> ポイントです！
> そのことを知っていれば、じ
> つは最初から選択肢は 3 と 4
> に絞り込めます。
> 本物を混ぜている選択肢は 3
> と 4 だけなので。

14

4　A1、C1、C2 の 3 枚 と C3、C4、C5 の 3 枚を天秤にかける。

釣り合うことはありえません。
A1、C1、C2 ≠ C3、C4、C5　→　偽物の候補
が多くなりすぎて、あと 1 回では無理。×です。

5　どのように天秤にかけても 3 回目で見つけるのは不可能である。

選択肢 3 のやり方で 3 回で見つけられるので、
×。

正解　3　 **正解！**

おさらい

😄 **勝者の解き方！**

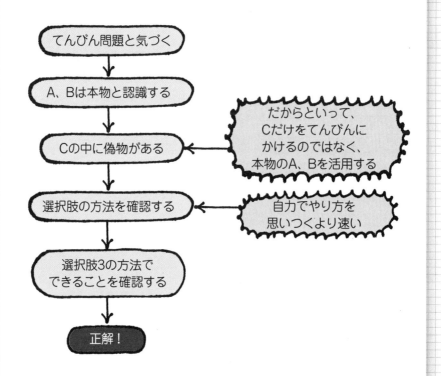

てんびん問題と気づく

↓

A、Bは本物と認識する

↓

Cの中に偽物がある　←　だからといって、Cだけをてんびんにかけるのではなく、本物のA、Bを活用する

↓

選択肢の方法を確認する　←　自力でやり方を思いつくより速い

↓

選択肢3の方法でできることを確認する

↓

正解！

14

敗者の落とし穴！

⚲ 重さの異なるものが、重いか軽いかわからないことを見逃す→選択肢1が正しいと思ってしまう。

⚲ 選択肢に頼らず、自力で操作を試みて、時間をロスする。

⚲ Cの5つをてんびんにのせる組合せをあれこれ考えてみるだけで、A、Bを使うことを思いつかない。

⚲ 選択肢3の方法でできることに気づかず、選択肢5を選ぶ。

　AとBの2人が24個の小球を使い、次の①〜③のルールに従ってゲームをした。

（ルール）
① 　A、Bが24個の小球から、交互に1個以上、5個以下の小球を取り、最後の小球を取った者が負けとする。
② 　Aが先手で開始する。
③ 　一度取った小球は、元に戻すことはできない。

　このルールでは、Aが最初にある個数の小球を取ればAが必ず勝つようにすることができるが、その数として、最も妥当なのはどれか。

1 　1個
2 　2個
3 　3個
4 　4個
5 　5個

（東京消防庁　2014年度）

この設問は 🖙 必勝法を知っていれば簡単です！

 解くための下ごしらえ

文章題の条件をよく確認し、わかりやすいメモにしましょう。

24 個
交互に 1 〜 5 個を取る（戻せない）
最後の 1 個を取ったら負け（1 個残したほう
が勝ち）
Ａ 先手　Ｂ 後手
Ａ が最初に取る必勝個数は？

目のつけ所！

設問文にも書いてあるように、**こういうゲーム
には必勝法があります。**
それを知っていればいいだけの問題です。
でも、必勝法を知らないと、かなり難しい問題。
ちょっと知っておけばいいだけのことなので、
ぜひ覚えておきましょう！

ちょっと
ヒトコト　ここでは「ゲーム」と
呼んでいますが、正式
には「二人零和有限確定完全
情報ゲーム」という難しい名
前です（覚える必要はありま
せん）。
勝敗が偶然に左右されず、理
論的には完全に先読みが可能
なゲームのことです（複雑す
ぎて実際には先読みできない
場合もありますが）。
将棋、囲碁、チェス、オセロ
なども含まれます。

最短で解く方法

必勝法の基本は、
**（相手が直前に取った数）＋（自分が取る数）
＝（一度に取れる最小の数＋一度に取れる最大
の数）**
になるように取ることです。

今回は、最小は 1 個で、最大は 5 個なので、1
＋ 5 で **6**。
Ｂ が 1 個取ったら、Ａ は 5 個取ります。計 6 個
です。
Ｂ が 5 個取ったら、Ａ は 1 個取ります。計 6 個

です。

Bがいくつ取ろうと、Aはつねに「一度に取れる最小の数＋一度に取れる最大の数」になるように取ることができます。

つまり、**数をコントロールできるのです。**─────

そうすると、球の数は、Aが取り終えた時点で、6個ずつ減っていきます。

それで、最後に1個残れば、Bはそれを取らざるを得ないので、Bの負けとなります。

最後に1個残るようにするには、球の総数が**「6の倍数＋1」**であればいいということです。

総数の24個から、最後に残る1個を引くと、23個。

23は6の倍数ではありません。

そこで、先手のAは最初に23個からいくつか取って、残りを6の倍数にしてしまえばいいのです。

あとは、Bが何個取ろうと、つねに計6個になるようにAが取っていけば、最後は1個残ることになります。

では、最初に何個取ればいいでしょうか？

$23 \div 6 = 3$　……余り**5**

この余りの分を最初に取ってしまえば、残りは6の倍数＋1になります。

? なんでこうなるの？

他の数ではそうはいきません。

たとえば「つねに5個にしよう」と思っても、相手が5個取ってしまったら、自分も1個は取らなければならないのですから、もう無理です。

「つねに7個にしよう」と思っても、相手が1個しか取らなかったら、自分は5個までしか取れないのですから、もう無理です。

「一度に取れる最小の数＋一度に取れる最大の数」だけが、必ず可能な数なのです。

14

全24個

```
┌─────── 5＋1＝6の倍数 ───────┐
○○○○○│○○○○○○│○○○○○○│○○○○○○│○
 A5個    B＋A＝6個   B＋A＝6個   B＋A＝6個  B1個
```

というわけで、**A が最初に取るのは 5 個**です。

正解　5　　**正解！**

もし総数が 24 個ではなく、25 個だった場合、1 個引いた 24 個がすでに 6 の倍数なので、後手の B が必勝となります。最初に A がいくつ取ろうと、B が計 6 になるように取っていけば、最後に 1 個残せるからです。

必勝法をまとめておきます。

「最後の球を取ったほうが勝ち」の場合
→自分が取った残りをつねに「一度に取れる最小の数＋一度に取れる最大の数」の倍数の状態にして、相手に取らせるようにする。

「最後の球を取ったほうが負け」の場合
→一度に取れる最小の数を除いて、自分が取った残りをつねに「一度に取れる最小の数＋一度に取れる最大の数」の倍数の状態にして、相手に取らせるようにする。

14

総数が 24 個でも、もし「最後の 1 個を取ったら勝ち」というルールだったら、その場合も、先手は勝てず、後手必勝のパターンとなります。総数 24 個は 6 の倍数なので、A が最初に何個取ろうと、B が計 6 になるように取っていけば、最後に A の前に 6 個が残り、A は 1 個〜5 個までしか取ることができないので、残りは B が取ることができます。

裏ワザで解く！

解き方としては同じことなのですが、
次のように考えると、解きやすいかもしれません。
自分にとってわかりやすいほうの考え方を使ってください。

この設問では、6個ずつ球が消えていくので、そこは無視すると、最初から球6個のゲームと本質は変わりません。
つまり、先手のAが5個取れば、最後の1個はBが取ることになります。

たとえば、球の総数が100個の場合でも、100から6ずつ消えていく部分は無視すると、

$$100 \div 6 = 16 \cdots\cdots 余り 4。$$

最初から玉4個のゲームと変わりません。つまり最初に3個取れば、先手必勝です。

では、なぜ25個だと後手必勝なのでしょうか？

$$25 \div 6 = 4 \cdots\cdots 余り 1$$

最初から球1個を取るゲームと同じなのです。Aが先手ですから、Aがそれを取って負けです。つまり、「最後の1個を取ったら負け」というゲームでは、後手必勝になるのは、球の総数が6の倍数+1個の場合だけなのです。

14

おさらい

😄 勝者の解き方！

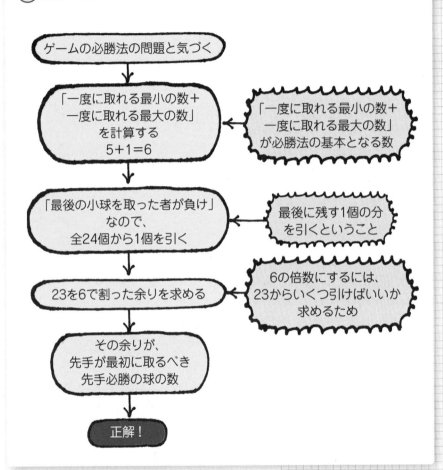

ゲームの必勝法の問題と気づく

↓

「一度に取れる最小の数＋
一度に取れる最大の数」
を計算する
5＋1＝6

← 「一度に取れる最小の数＋
一度に取れる最大の数」
が必勝法の基本となる数

↓

「最後の小球を取った者が負け」
なので、
全24個から1個を引く

← 最後に残す1個の分
を引くということ

↓

23を6で割った余りを求める

← 6の倍数にするには、
23からいくつ引けばいいか
求めるため

↓

その余りが、
先手が最初に取るべき
先手必勝の球の数

↓

正解！

😖 敗者の落とし穴！

💧 必勝法を知らず、いろんな取り方の場合分けをして、収拾がつかなくなる。

💧 24÷6と計算して、後手必勝と勘違いしてしまう。

💧 最後の1個をどうやって残したらいいのかわからない。

暗号

★★

面白い問題は、危険がいっぱい！

§15 暗号

特別区ではほぼ毎年出題！

出題率は全体的に低いです。ただ、よく出すところは好んで出します。

代表的なのは特別区です。**ほぼ毎年出題されます**。ただ、何年かに一度は出題のない年もあります。

特別区の暗号は、以前は大変難しいものが多く、捨てるのが当たり前でした。しかし、ここ数年はややまともな問題も出題されるようになり、中には短時間で解けるものもありますが、依然としてレベルは高いので注意が必要です。

n 進法の仕組みを利用したアルファベットの暗号に注目！

出題の内容ですが、以前はかな文字の暗号がアルファベットより多かったのですが、近年はアルファベットの問題のほうが多くなり、かな文字はあまり出題されていません。

また、アルファベットも色々な工夫が施され、規則性も多様化しています。**特に、n 進法の仕組みを利用したアルファベットの暗号が、特別区をはじめ、よく出題されているのが、最近の大きな特徴です。**

15

おさえておくべき 重要問題 の紹介

重要問題 1 **50 音表対応問題** ✳✳✳ ☞ P380

⟹ 暗号問題の最も代表的な出題パターン！

重要問題 2 **アルファベットと n 進法** ✳✳✳✳ ☞ P386

⟹ n 進法の暗号の最も基本的なパターンです！

ここが ポイント！ 50 音表などの型にあてはめればすぐにわかるタイプは最近少なく、**規則性をしっかり考えるタイプが主流**です。

なかには高度な発想力を要するものもありますが、**規則性にもある程度のパターンがあり、それらを組み合わせて考えれば、たいていは解決できます。**

まずは、**文字と暗号を対応させる**ことから始めましょう！

15

これだけは知っておきたい基礎知識

✏️ n 進法から 10 進法への変換

✏️ n 進法から 10 進法への変換

例題

2 進法の 101010 を 10 進法に変換すると？

私たちが日常的に使っているのは「10 進法」です。

1、2、3、4、5、6、7、8、9 までくると、次は 10 と 2 桁になります。**0 ～ 9 の 10 個の記号**を用います。

「2 進法」の場合は、**1 の次がもう 10** になります。2 で 2 桁になるのです。**0 と 1 の 2 個の記号**しか用いません。

たとえば、10 進法の「123」というのは、**10 の 2 乗の位**が 1、**10 の 1 乗の位**が 2、**10 の 0 乗の位**が 3 となっている数のことです。

$$10 \text{進法の} 123 = 1 \times 10^2 + 2 \times 10^1 + 3 \times 10^0$$

ということです（なお、**どんな数でも、0 乗は 1 になります**）。

これが 2 進法になると、右端の位が 2 の 0 乗の数、次の位が 2 の 1 乗の数、次の位が 2 の 2 乗の数…というふうになります。

ですから、2 進法の 101010 を 10 進法に変換するには、

$$1 \times 2^5 + 0 \times 2^4 + 1 \times 2^3 + 0 \times 2^2 + 1 \times 2^1 + 0 \times 2^0$$
$$= 32 + 8 + 2$$
$$= 42$$

同じ方法で何進法でも 10 進法に簡単に直せます。

たとえば 3 進法の 21020 を 10 進法に変換すると、

15

$2 \times 3^4 + 1 \times 3^3 + 0 \times 3^2 + 2 \times 3^1 + 0 \times 3^0$

$= 162 + 27 + 6$

$= 195$

n 進法の数 abc を 10 進法にするには

$a \times n^2 + b \times n^1 + c \times n^0$

ある暗号で「晴海」が「1033 1236 1143」、「上野」が「1201 2210 0505」で表されるとき、同じ暗号の法則で「2223 1118 0116」と表されるのはどれか。

1　「大田」
2　「豊島」
3　「中野」
4　「練馬」
5　「港」

（特別区Ⅰ類　2012 年度）

この設問は 🄬 暗号問題の最も代表的な出題パターンです。

 解くための下ごしらえ

元の言葉と暗号との対応を、まずよく確認しておきましょう。

> 「晴海」「上野」を表す暗号は、いずれも 4 桁の数字 3 つ
> 「晴海」→「はるみ」ひらがな 3 文字
> 「上野」→「うえの」ひらがな 3 文字
> かな 1 文字ごとに、4 桁の数字で表されている、と考えられる

15

🎧 **目のつけ所！**

かな文字は「50 音表の段と行の組合せ」で表されます。
数字は 4 桁なので、2 桁ずつ 2 つに分けると、**片方が段で、片方が行**を表すと推測できます。
その線でまずは考えてみましょう！

「はるみ」が「1033 1236 1143」
「うえの」が「1201 2210 0505」
なのですから、
暗号は次のように対応しています。

1033 → は   1236 → る   1143 → み

1201 → う   2210 → え   0505 → の

これを、50音表に対応させてみましょう。

	あ	か	さ	た	な	は	ま	や	ら	わ
あ						1033				
い							1143			
う	1201								1236	
え	2210									
お				0505						

同じ段や行に同じ数字がないかさがしてみましょう。
そうすると、
「う」と「る」に「12」が共通しています。
同じ「う段」の前の2桁が共通しているのです。
これは、「12」が「う段」を表しているのかも
しれません。

そうすると、4桁の数字の**前の2桁が段、後の
2桁が行**と考えられます。

でも、同じ「あ行」の「う」と「え」の後の2
桁は「01」と「10」で不一致です。

「01」と「10」を一致させるにはどうしたらい
いでしょうか？
**2桁の数字で1桁を表すときには、和や差や積
を用いている場合が考えられます。**
まず和で考えてみると、

```
0+1=1
1+0=1
```

で一致します。

2桁の数字の**和**が、「段」と「行」になってい
る可能性が考えられます。
与えられている暗号が、それでつじつまが合う
かどうか、確認してみましょう。

```
あ段  1033  →  1+0=1
い段  1143  →  1+1=2
う段  1210  1236  →  1+2=3
え段  2201  →  2+2=4
お段  0505  →  0+5=5
```

15

```
あ行  1201  2210  →  0+1=1+0=1
な行  0505  →  0+5=5
は行  1033  →  3+3=6
ま行  1143  →  4+3=7
ら行  1236  →  3+6=9
```

となり、完全に規則性があります。

あ段が1で、い段が2、う段が3、え段が4、お段が5、

行のほうも、あ行が1で、あかさたなはまやらわの順に、1 〜 10になっていると思われます。

暗号の謎は解けました！

それでは、問われている「2223 1118 0116」を解読してみましょう。

2223	→	2＋2＝4でえ段		
		2＋3＝5でな行	→	**ね**
1118	→	1＋1＝2でい段		
		1＋8＝9でら行	→	**り**
0116	→	0＋1＝1であ段		
		1＋6＝7でま行	→	**ま**

答えは「練馬」とわかります。

正解　4　　正解！

裏ワザで解く！

2桁ずつに分け、前2桁が段、後2桁が行であることまではわかっても、その後、その2桁の和に規則性があることに気づくのは難しいでしょう。

でも、じつは、**前2桁が段、後2桁が行であること**

さえわかれば、その規則性に気づかなくても、正解
の選択肢はわかります！

2223　→　前2桁が「うえの」の「え」と同じだから、
え段　→　1文字目がえ段なのは、**選択肢4のみ**

というわけで、**2223という1文字目**だけで、正解
がわかります。

おさらい

😄 勝者の解き方！

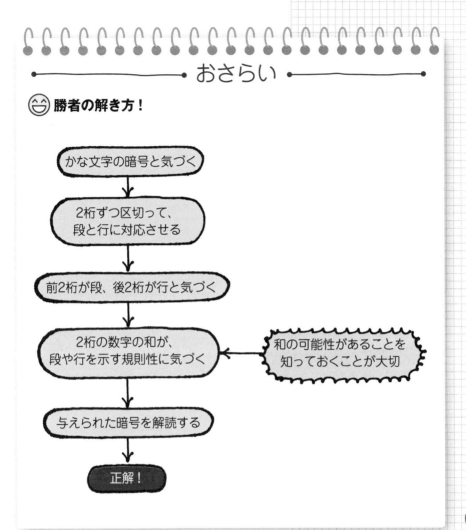

かな文字の暗号と気づく

↓

2桁ずつ区切って、
段と行に対応させる

↓

前2桁が段、後2桁が行と気づく

↓

2桁の数字の和が、
段や行を示す規則性に気づく

← 和の可能性があることを
知っておくことが大切

↓

与えられた暗号を解読する

↓

正解！

15

☒ 敗者の落とし穴！

- 🔥 かな文字の暗号と気づかない。
- 🔥 4桁の数字をどのように処理していいかわからず混乱する。
- 🔥 「段」と「行」でひらがなを表しているということを思いつけない。
- 🔥 2桁ずつの「和」が段や行を表すことに気づかず、規則性を見抜けない。
- 🔥 解けそうで解けず、あきらめきれなくて時間をロスする。

　ある暗号で「CLUB」が「上上下、中上下、下上下、上上中」、「DAWN」が「上中上、上上上、下中中、中中中」で表されるとき、同じ番号の法則で「下上上、上下中、中中下、中下上」と表されるのはどれか。

1 「SORT」
2 「SHOP」
3 「SHIP」
4 「PORT」
5 「MIST」

（特別区Ⅰ類　2019年度）

この設問は ☞ **n進法の暗号の最も基本的なパターンです。**

 解くための下ごしらえ

アルファベット1文字に対して、漢字3つの暗号のようです。

暗号の漢字は「上」「中」「下」の3種類です。

単語と暗号の対応をメモしましょう。

C	上上下
L	中上下
U	下上下
B	上上中
D	上中上
A	上上上
W	下中中
N	中中中

15

n進法の暗号というものがあるとわかっていれば、3種類の漢字で表す暗号ということで、「**3進法かも？**」と気づけるでしょう。

また、アルファベットの中に、**A、B、C、D**が出てきます。こういう、順番になっているところに着目しましょう。

最短で解く方法

アルファベットを、順番に並べ替えてみましょう。

A　**上上上**
B　**上上中**
C　**上上下**
D　**上中上**
：
L　**中上下**
M
N　**中中中**
：
U　**下上下**
V
W　**下中中**

最初は上ばかりで、だんだん中や下が増えていくことがわかります。

3進法で、

上→0　中→1　下→2

である可能性を検証してみましょう。

15

A　上上上　　**000**

B　上上中　　**001**

C　上上下　　**002**

D　上中上　　**010**

：

L　中上下　　**102**

M

N　中中中　　**111**

：

U　下上下　　**202**

V

W　下中中　　**211**

アルファベットのA～Zを0～25の数字に対応させ、その数字を3進法で表していると考えてよさそうです。

その法則に従って、問われている「下上上、上下中、中中下、中下上」を、まず3進法の数字におきかえ、それを10進法にし、アルファベットにおきかえましょう。

「下上上、上下中、中中下、中下上」

↓

「200、021、112、120」

↓

「18、7、14、15」

↓

「S、H、O、P」

正解 2　 正解！

 公式！

「これだけは知っておきたい基礎知識」で解説したように、n進法の数abcを10進法にするには、
$a \times n^2 + b \times n^1 + c \times n^0$
です（どんな数でも0乗は1）。
たとえば、3進法の112なら、
$1 \times 3^2 + 1 \times 3^1 + 2 \times 1^0$
$= 9 + 3 + 2 = 14$

おさらい

😄 **勝者の解き方！**

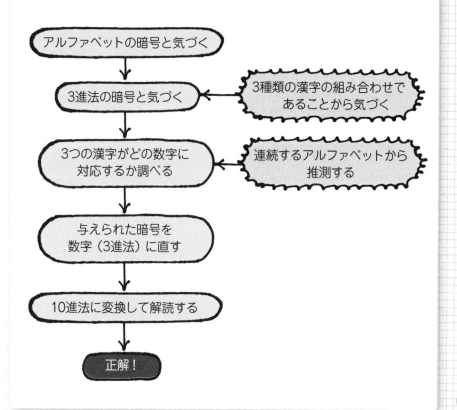

- アルファベットの暗号と気づく
- 3進法の暗号と気づく ← 3種類の漢字の組み合わせであることから気づく
- 3つの漢字がどの数字に対応するか調べる ← 連続するアルファベットから推測する
- 与えられた暗号を数字（3進法）に直す
- 10進法に変換して解読する
- **正解！**

15

😵 **敗者の落とし穴！**

💧 3進法の暗号であることに気づかない。

💧「上中下」がそれぞれどの数字に対応しているかわからない。

💧 10進法への変換方法を知らず、作業を進められない。

立体の切断

★★

イメージも大事！　知識も大事！

§16 立体の切断

手順さえ覚えれば大丈夫！

全体的に出題率は低いですが、コンスタントに出題されています。

切断面には描き方の手順がありますので、まずその手順を覚えることが大切です。

それさえわかれば、知識がなくても自分で描けるので、だいたいは対処できます。

知識＋テクニックで！

最も多いのは、立方体や、それを組み合わせた積み木を切断する問題です。

立方体の切断面は、知識で解ける問題も多くあり、そういう問題は、知識さえあれば秒殺できますが、最近はあまり出題されていません。

まずはテクニックをしっかり押さえましょう。

おさえておくべき **重要問題** の紹介

重要問題1 **立方体の切断** ☀☀☀☀☀ ☞ P401

⟹ 最も基本的な切断のパターン！

重要問題2 **切断面を描くタイプ** ☀☀☀ ☞ P406

⟹ 手順に従って切断面を描く問題！

だいたいでいいので、**「切り口のイメージ」**を持つことが大事です。センスは必要ありません。描く練習をしているうちに身につきます！

これだけは知っておきたい基礎知識

- ▷ 切断面を描く手順
- ▷ 切断面は何角形になるか
- ▷ 立方体の切断面に現れる図形

▷ 切断面を描く手順

例題 1

図 a の立方体を、3点 ABC を通る平面で切り、上側を取り去ったら、残る立体は図 b と図 c のどちら?

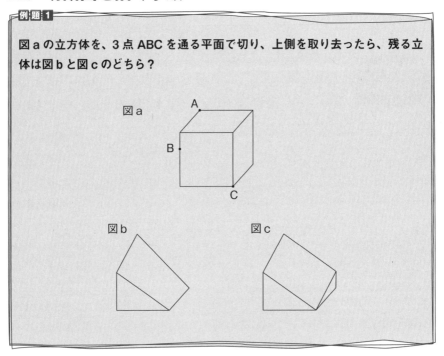

実際に刃を入れて切る様子を考えてみましょう。

まず、次ページの図、面アの、A と B を結ぶ線分に刃を当て、そこから C に向かって平面で切るよう刃を進めます。

そうすると、A と B を結ぶ線分と、B と C を結ぶ線分に切り口が入ります。

これは、A と B は面ア、B と C は面イと、いずれも同じ面の上にあり、こう

いうときは、その2点を直接結ぶように切り口が入ります。

これが、切断面を描く手順の第一

①同一面上の2点はそのまま結ぶ

です。

では、AとCはどうでしょう？

この2点は同じ面の上にはありませんから、AとCを直接結ぶ線は立体の表面上には表れません。

切り口は、立体の表面上に表れるものですから、**線分ACという切り口はありえません。**

では、切り口はどのようにつながっていくでしょう？

面アのABから入れた刃は、Cを通って面ウへ抜けていきます。

平面で切っていますので、ABから入れた刃の角度は、途中でねじ曲がることなく、面ウでも同じ角度を保って抜けていきます。

図のBとCに印の付いた角度が同じになるということです。

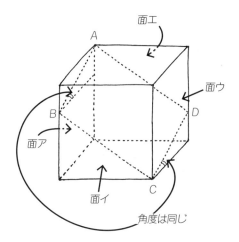

角度は同じ

16

すなわち、**面ウの切り口（図のCD）は、ABと平行になります。**

これは、面アと面ウが平行だからです。このように、平行な面には平行な切り口が入ることになります。

切断面を描く手順の第二

②平行な面上には平行な切り口が入る

です。

これにより、切断面は点Dの位置を通ることがわかりました。

そうすると、AとDは、ともに面エの上にあり、「同一面上の2点」ですから、手順①より、AとDを結んで、切断面は四角形ABCDのようになります。

この例題は**「Dはどこなのかわかる？」**という問題だったのです。

面エは面イと平行ですから、BCとADも平行になり、四角形ABCDは平行四辺形となることがわかりますね。

正解は図cになります。

> **ココだけ！**
>
> 切断面を描く手順
> **①同一面上の2点はそのまま結ぶ**
> **②平行な面上には平行な切り口が入る**
> その全体をつなげる

✎ 切断面は何角形になるか

例題2

立方体の形をしたケーキにナイフを入れるとき、切断面としてできる図形でありうるのはどれ？

ナイフの角度を途中で変えたり、曲線で切ったりしないものとする。

三角形　四角形　五角形　六角形　七角形　八角形

16

まず、頂点の1つを浅く斜めに切ってみます。

すると、切断面は**三角形**になります。

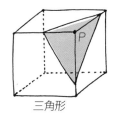

三角形

次に、ナイフを真横に入れます。

すると、切断面は正方形（＝四角形）になります。

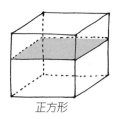

正方形

ここまでは簡単だと思います。

五角形や六角形は日常的になじみのない図形なので考えにくいですが、ナイフの入る地点と抜ける地点を工夫することで、作ることができます。

まず、左上奥の頂点からナイフを入れて、右下手前の頂点の少し奥へ抜けるように切断します。

すると切断面は**五角形**になります。

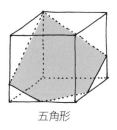

五角形

実際にケーキをこんなふうに切る人はいないと思いますが、とくにアクロバティックな切り方をするわけでもないのに、五角形を作ることができるのです。

元の立方体と切断面の五角形をじっと見つめますと、三角形→四角形→五角形と角を増やす方法がわかってきます。

元の立方体の6面のうち、ナイフが通過する面が増えるたびに、切断面の角は増えていくのです。

　三角形や四角形ではどうだったか見てみると、三角形では3面をナイフが通過しており、四角形では4面をナイフが通過しています。

　この法則通りです。

　ということは、六角形を作ることもできそうです。

　五角形を作ったときは左奥の頂点だったナイフの入れる地点をズラして、もう少し手前からナイフを入れるようにして6面を通過するようにします。

　すると、**六角形**を作ることもできました。

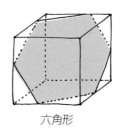

六角形

　ということは、七角形や八角形を作ることは無理だろうと予測がつきます。

　立方体は面が6つですから、最大でも6つまでしか通過する面を増やせません。

　答えは、**三角形、四角形、五角形、六角形**です。

　立体の切断の問題は、切断面のイメージを持つことが大切です。

　次の法則は、そのための重要な一歩です。

ココだけ！

16

　切断面が通過する面の数＝切断面の図形の角の数

✏️ 立方体の切断面に現れる図形

例題3

立方体の形をしたケーキにナイフを入れるとき、切断面としてありえない図形
はどれ？

正三角形　直角三角形
正方形　長方形　平行四辺形　ひし形　台形
正五角形
正六角形

切断面としてありえる図形はナイフの入れ方の例を挙げていけばいいですね。

まず、三角形と四角形ですが、直角三角形以外はすべてできます。

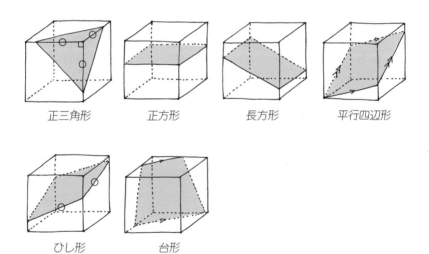

正三角形　　　正方形　　　長方形　　　平行四辺形

ひし形　　　台形

なぜ直角三角形ができないのかというと、元のケーキには最大でも直角まで
の角度しかないからです。

三角形を作るには、1つの頂点を切り取るようにナイフを入れるしかありま
せん。

図のように切ると、かなり直角三角形に近くなります。

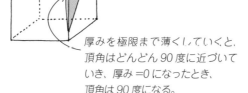

厚みを極限まで薄くしていくと、
頂角はどんどん90度に近づいて
いき、厚み＝0になったとき、
頂角は90度になる。

　ただ、ケーキの厚みを無限に薄く切るといっても、厚みはゼロにはならない
わけで、直角にしたい角を直角（90度）に近づけようとしても、89度とか、
89.9度とか、わずかに小さい角度にしかなりません。

　以上の理由から、直角三角形は作れません。

　次に、五角形と六角形ですが、正六角形はできます。

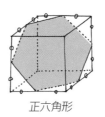

正六角形

　正五角形はできません。

　397ページの下の図を見るとわかるように、5本の辺をすべて同じ長さには
できないからです。

　ということでまとめると、**作れない図形で重要なものは、直角三角形、正五
角形**です。

ココだけ！

立方体を平面で切断するとき、切断面を作れない図形で重要なものは、
直角三角形、正五角形

27個の小立方体を貼り合わせて、3×3×3の立方体を作り、上面の中央の小立方体を取り除いて、図のような立体を作った。この図のA〜Dの4点を通る平面で切断し、切断面を黒く塗った図として正しいのはどれか。

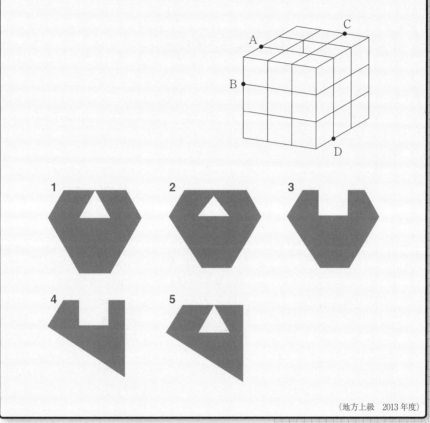

（地方上級　2013年度）

この設問は 🕊️ **最も基本的な切断のパターンです。**

 解くための下ごしらえ

設問文中の重要な情報をよく確認しておきましょう。

3×3×3の積み木 → 上段の中央を取り
除く
A〜Dを通って切断する
切断面は黒く塗る

目のつけ所！

ポイントは、切断面全体の形がどのようになる
かと、上段中央の欠けている部分がどのように
なるかの2点です。

**いっぺんに考えずに、2つに分けて考えるほう
が、混乱せずにすみます。**

最短で解く方法

切断面を描く手順にしたがって、切断面を描い
ていきましょう。

切断面を描く手順は次の通り
でしたね。
①同一面上の2点はそのまま
結ぶ
②平行な面上には平行な切
り口が入る

① A と B、A と C は同一面上の2点です。
　ですから、そのまま結びます。

② D は A、B、C と同一面上にありません。
　なので「平行な面上には平行な切り口が入る」
で考えます。
　D を通って AB、AC と平行な切り口を入れ、
それぞれ DE、DF とします。

16

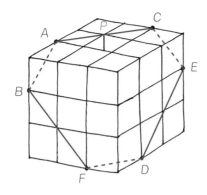

CとE、BとFは同一面上の２点なので、その
まま結びます。

切断面は六角形になりました。
選択肢は１、２、３に絞られます。

上面の中央の立方体の点Ｐは AC の**中点**になり
ます。
そうなっているのは、選択肢１だけです。

正解１

さて、答えはわかりましたが、切断面の形を最
後まで確認しておきましょう。

上面中央の小立方体が取り除かれているので、
切断面のうちこの空洞を通る部分は空白になり
ます。
上段を、上から見た図を描くと、切断面は図の
ABEC となります。

16

ここで中央の空洞部分を通るのは、**図の点P、Q、Rの3点**です。

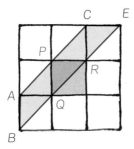

そうすると、空洞部分で切断面が通るのは、図のような三角形PQRとなり、選択肢1の切断面と一致することが確認できます。

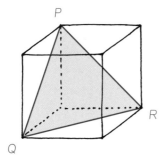

おさらい

😄 勝者の解き方！

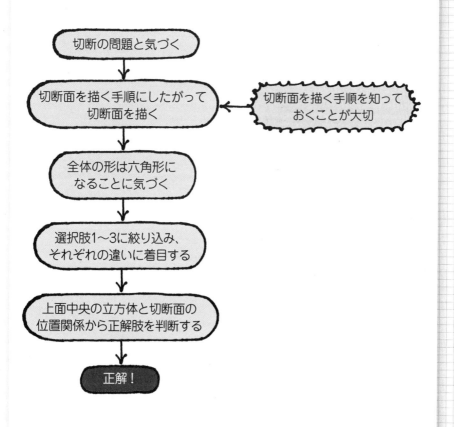

切断の問題と気づく

↓

切断面を描く手順にしたがって
切断面を描く ← 切断面を描く手順を知って
おくことが大切

↓

全体の形は六角形に
なることに気づく

↓

選択肢1〜3に絞り込み、
それぞれの違いに着目する

↓

上面中央の立方体と切断面の
位置関係から正解肢を判断する

↓

正解！

16

😣 敗者の落とし穴！

◇ 切断面の描き方がわからず、イメージだけで考えて失敗する。

◇ A〜Dをそのまま結んで選択肢4、5を選んでしまう。

◇ 上面中央の立方体の切り口の形状がわからず、選択肢2、3を選んでしまう。

左図のように、3つの立方体をL字形に並べた形状をした木片を、頂点A、B、Cの3点を通る平面で切断したとき、頂点Pを含む側の木片にできる切断面の形状として、妥当なのはどれか。

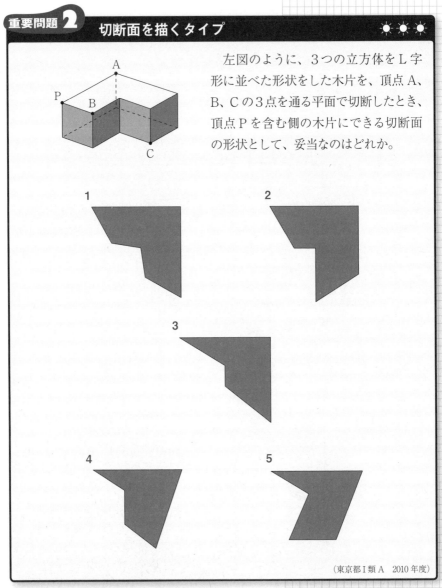

（東京都I類A　2010年度）

この設問は 👉 **手順に従って切断面を描く問題です。**

 解くための下ごしらえ

設問文中の大切な条件を確認しておきましょう。

> 3つの立方体をL字型に並べたもの
> A〜Cの3点を通って切断する

目のつけ所！

なんとなく切り口をイメージして考えると、どの選択肢もそれっぽい感じですね。

切断の問題は、イメージが持てるようになるのも大切ですが、本問は基本的な知識がモノを言います！

そもそも立方体が合体した立体ですから、**平行な面がたくさんあります。**

この切り口は「**平行な面に入る切り口**」がポイントになります。

最短で解く方法

AB から刃を入れて、C に抜けるように切ると、切り口は底面に入ります。

そうすると、上面に入る切り口 AB と、底面に入る切り口は平行になるはずです。

上面の切り口と底面の切り口が平行になっている選択肢は5しかありません！

正解　5　**正解！**

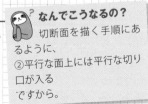

なんでこうなるの？
切断面を描く手順にあるように、
②平行な面上には平行な切り口が入る
ですから。

16

これで終えては応用がきかないので、正攻法で
解いておきましょう。

切断面を描く手順にしたがって、
① A と B は同一面上の 2 点 → そのまま結
ぶ
② C を通って AB に平行な線 CD を描く
③ A と D は同一面上の 2 点 → そのまま結
ぶ
④ C を通って AD に平行な線 CE を描く
⑤ B と E は同一面上の 2 点 → そのまま結
ぶ

切断面は、AB と CD が平行です。選択肢 5 が
合致します。

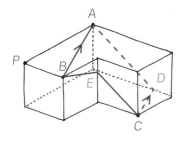

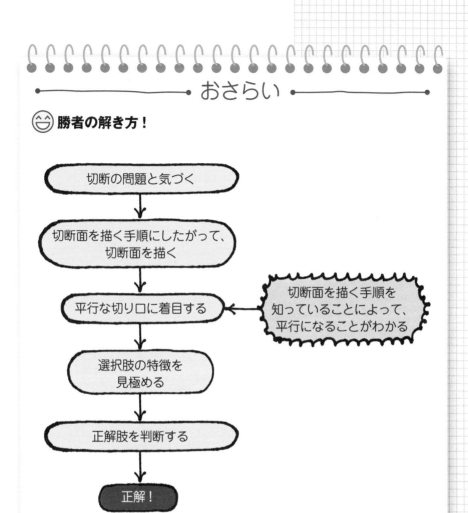

おさらい

😄 勝者の解き方！

切断の問題と気づく

↓

切断面を描く手順にしたがって、切断面を描く

↓

平行な切り口に着目する ← 切断面を描く手順を知っていることによって、平行になることがわかる

↓

選択肢の特徴を見極める

↓

正解肢を判断する

↓

正解！

💀 敗者の落とし穴！

- ⚠ イメージだけで選択肢を選んでしまう。
- ⚠ ＡとＣをそのまま結んで、選択肢３などを選んでしまう。
- ⚠ 平行な切り口になるという知識がなく、正解の選択肢を選べない。

MEMO

津田シェフ渾身の一皿

　この本は、津田先生と私の共著ですが、その役割分担は、私が用意した素材をもとに津田先生が原稿を起こしてくれるというものでした。

　つまり、私は、畑で採れた大根や人参を土がついたまま津田先生にお渡ししただけなのですが、それを津田先生は、きれいに洗って、見事な料理に変身させてくれたわけです。

　公務員試験で避けて通れない「判断推理」、でも、数学が苦手なため入り口でつまずいている人が多いのが現状です。そんな受験生に、最初の扉をすんなり開けてもらい、苦手意識を少しでも和らげられる、そんな本を作りたい。それはあたかも、野菜嫌いの子供に美味しく野菜を食べてもらいたいという親心にも似た思いで、この本は生まれました。

　津田先生の作った料理は、デザイナーさんたちの手できれいにお皿に盛られ、たくさんのスタッフの手を経て皆さんのテーブルへと運ばれました。

　このページにたどり着いた皆さんは、きっときれいに完食してくださったことでしょう。

　役割の違いはあれど、この本を作った人間たちの願いはひとつ！　この本が皆さんの血や肉になることです。

　さあ、次なるステップへ自信を持って踏み出してください！

畑中敦子

畑中先生の本の衝撃！

　今でも覚えていますが、畑中先生が数的処理の本を初めて出されたとき、私はたまたま書店でそれを目にして、びっくりして、すぐにそれを持って、当時、私が本を出していた出版社に駆け込みました。

「スゴイ本が出ました！」と言って。

　編集の人といっしょに本を開いてみながら、その素晴らしさにうなったものです。

　私は自分でも数的処理の本を出す予定があったのですが、畑中先生の本が出たことで、それをあきらめました。畑中先生の本は、それくらい画期的で衝撃的でした。

　その畑中先生と共著を出せるとは、当時は思ってもみませんでした。じつに光栄で、ありがたいことです。

　もともと、私は畑中先生の本のお手伝いをするだけのはずだったのですが、畑中先生のほうから、共著にとおっしゃってくださいました。お人柄にも打たれました。

　私が参加したことで、本がよくなっているかどうか、不安ではありますが、少なくとも、「苦手な人でもわかりやすい！」という点だけは重々、気をつけたつもりです。

　この本が多くの人にとって、判断推理マスターの、そして公務員試験合格の、きっかけとなることを願います。

津田秀樹

監修者紹介

畑中敦子（はたなか・あつこ）

大手受験予備校を経て、1994年度より、東京リーガルマインド専任講師として14年間、数的処理の講義を担当。独自の解法講義で人気を博す。

現在、株式会社エクシア出版代表として、公務員試験対策の書籍の執筆、制作などを行っている。

主な著書に『畑中敦子の数的推理ザ・ベスト』『畑中敦子の判断推理ザ・ベスト』『畑中敦子の資料解釈ザ・ベスト』（以上、エクシア出版）などがある。

著者紹介

津田秀樹（つだ・ひでき）

筑波大学卒業。さまざまなテストの裏側を知りつくす、テストのエキスパート。

本書以外の公務員試験の対策本に、『新版 公務員試験㊙裏ワザ大全【国家総合職・一般職／地方上級・中級用】』『新版 公務員試験㊙裏ワザ大全【国家一般職（高卒・社会人）／地方初級用】』（いずれもエクシア出版）がある。

他の試験対策本としては、『センター試験㊙裏ワザ大全【国語】』『センター試験㊙裏ワザ大全【英語】』『【大卒程度】警察官・消防官採用試験㊙攻略法』（いずれも洋泉社）がある。

その他にも、『精神科医や心理カウンセラーも使っている 傷つかない＆傷つけない会話術』（マガジンハウス）、『人生のサンタク 迷いがなくなる心理学』（PHP研究所）など著書多数。

なお、本書の姉妹書に『畑中敦子×津田秀樹の「数的推理」勝者の解き方 敗者の落とし穴 NEXT』がある。

公務員試験 畑中敦子×津田秀樹の「判断推理」
勝者の解き方 敗者の落とし穴 NEXT

2021年12月4日 初版第1刷発行

監修者	畑中敦子ⓒ
	©Atsuko Hatanaka 2021 Printed in Japan
著者	津田秀樹ⓒ
	©Hideki Tsuda 2021 Printed in Japan
発行者	畑中敦子
発行所	株式会社エクシア出版
	〒102-0083 東京都千代田区麹町6-4-6-3F
印刷・製本	サンケイ総合印刷株式会社
DTP作成	横田良子・杉沢直美
装幀	前田利博（Super Big BOMBER INC.）
カバーイラスト	ひぐちともみ

ISBN 978-4-908804-83-0 C1030

エクシア出版ホームページ https://exia-pub.co.jp/
Eメールアドレス info@exia-pub.co.jp

知識不足でも、学力不足でも、時間不足でも大丈夫！
正攻法で解けない問題は、裏ワザで解ける！

新版 公務員試験
㊙裏ワザ大全

【国家総合職・一般職／地方上級・中級用】

津田秀樹 著

■A5判
■定価：1,540円（税込）

エクシア出版　https://exia-pub.co.jp/